Editorial

Liebe Leser, liebe Wiener!

Der fünfte Band unserer »Typotopografie«-Reihe ist einer meiner absoluten Lieblingsstädte gewidmet, dem wundervollen Wien. Zwar ist Wien vielleicht nicht unbedingt eine der Städte, die einem sofort einfallen, wenn man an Typografie und Grafik denkt, aber warum sollte man sich nicht auch mal von persönlichen Interessen leiten lassen, wenn man auswählt, was der Inhalt des nächsten Heftes werden soll? Als da wären: die Kaffeehäuser, die relative Nähe zu München, die Tatsache, dass Wien im Winter besonders schön ist, die Museen und Läden, die alten Ladenschilder, die Wiener an sich … Und kaum hatten wir uns dann auf die Reise begeben, zunächst per Recherche im Internet und dann realiter, wurde uns ganz schnell klar, dass all das, was Wien so lebenswert und so unwiderstehlich für Touristen macht, auch zu einer üppigen, freundlichen, äußerst offenen und teilweise wunderbar schrägen Typografie- und Designwelt beiträgt.

Und so dürfen wir Ihnen fünf Schriftentwerfer vorstellen, den Streetartist Paul Busk, die umtriebigen Mitglieder der tga (Typografische Gesellschaft Austria), die Graphische Sammlung des MAK, den Salon für Kunstbuch, die Typopassage, das Projekt »Typoton« (falls Sie sich schon immer gefragt haben, wie Typografie klingt, sind Sie hier richtig), eine Ausstellung von Studenten der »Angewandten« und und und …

Unser typografischer Stadtführer hat nicht den Anspruch, einen allumfassenden Überblick zu bieten, sondern soll Ihnen anhand ausgewählter Beispiele einen besonderen Einblick in die jeweilige Stadt gewähren. Dabei geht es uns nicht um besonders »coole« Projekte und große Namen, sondern um Enthusiasten, die Leser wie Sie an ihrer Passion teilhaben lassen und hoffentlich durchaus auch einmal anseckend sein dürfen. Nehmen Sie das Heft zur Hand und begeben Sie sich auf eine etwas andere Reise durch Wien, die Ihnen vielleicht Appetit auf eigene Erkundungen machen wird. Und wenn Sie bereits eine der älteren Ausgaben unserer Reihe besitzen, dann wird Ihnen auffallen, dass wir die Gestaltung der Hefte ein wenig modifiziert haben, dass aber immer noch jedes Thema seinen eigenen, passenden Auftritt bekommt. Und übrigens: in den verwendeten Farben greifen wir die jeweiligen Stadtfarben auf, bei Wien also Rot und Weiß.

Ich wünsche Ihnen viel Spaß beim Lesen und Entdecken mit »Typotopografie Wien«!

Ihre
Dr. Anne Dreesbach

INHALT

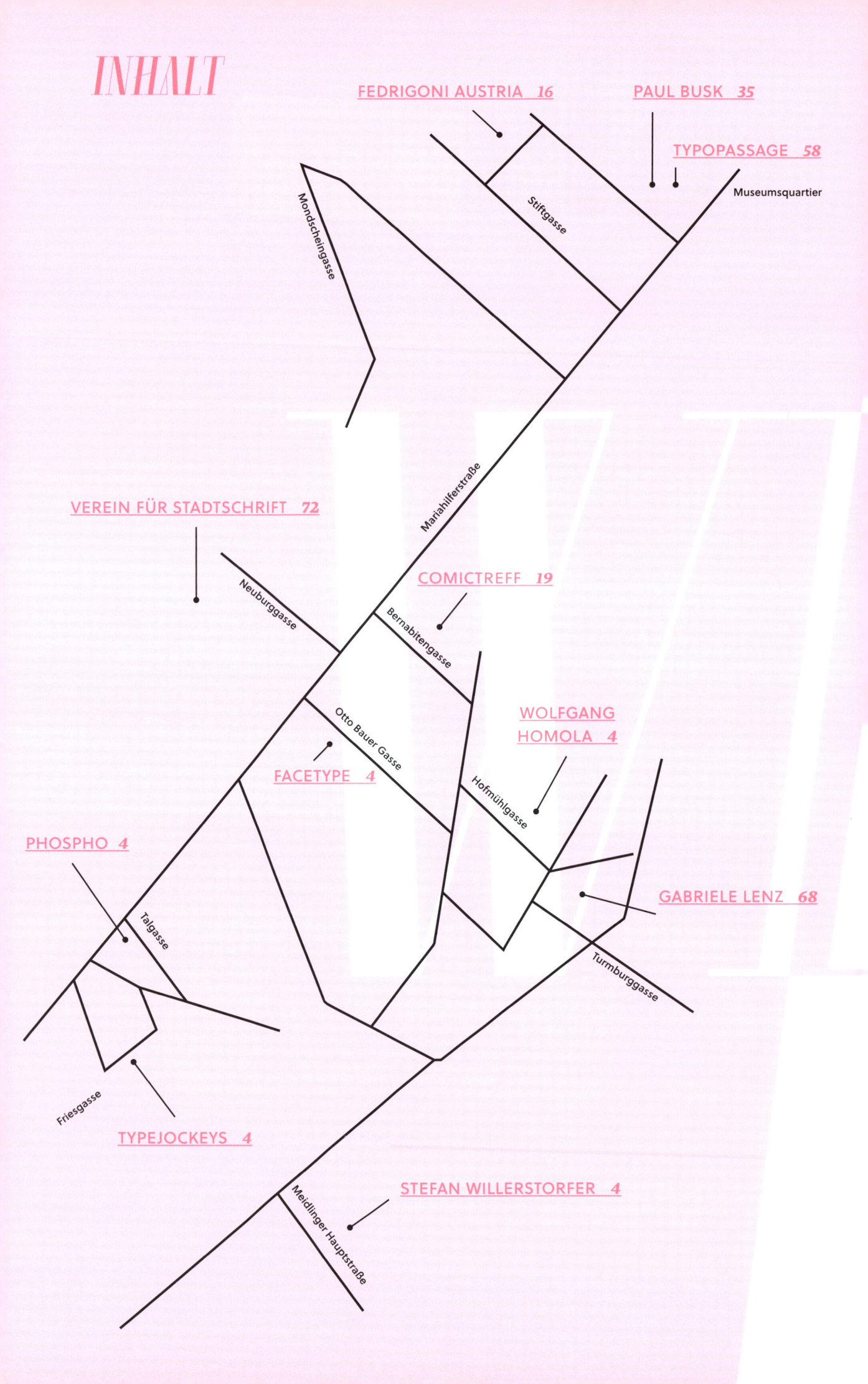

- FEDRIGONI AUSTRIA **16**
- PAUL BUSK **35**
- TYPOPASSAGE **58**
- VEREIN FÜR STADTSCHRIFT **72**
- COMICTREFF **19**
- WOLFGANG HOMOLA **4**
- FACETYPE **4**
- PHOSPHO **4**
- GABRIELE LENZ **68**
- TYPEJOCKEYS **4**
- STEFAN WILLERSTORFER **4**

Streets: Mondscheingasse, Stiftgasse, Museumsquartier, Mariahilferstraße, Neuburggasse, Bernabitengasse, Otto Bauer Gasse, Hofmühlgasse, Talgasse, Turmburggasse, Friesgasse, Meidlinger Hauptstraße

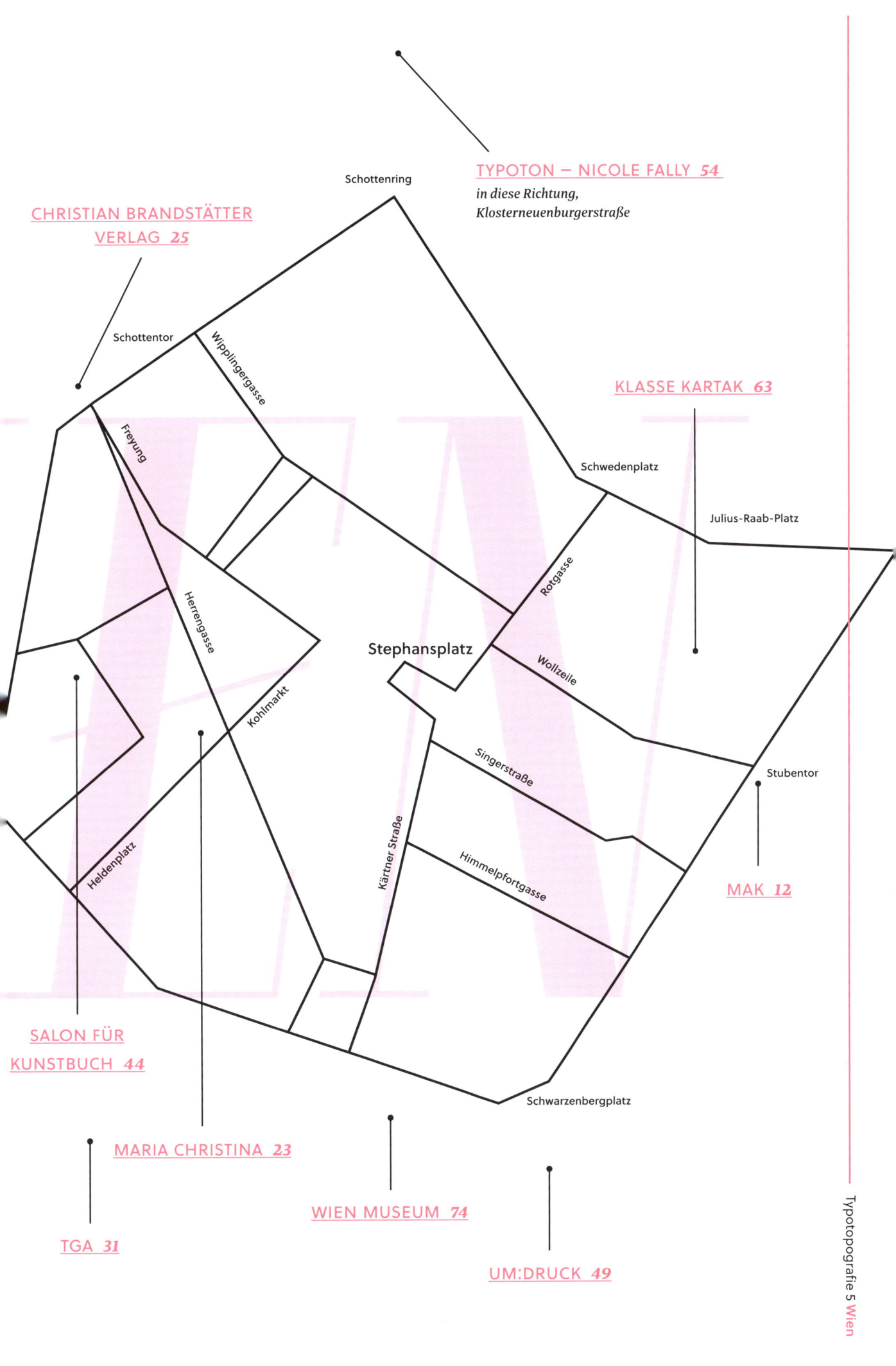

TYPOTON – NICOLE FALLY 54
in diese Richtung,
Klosterneuenburgerstraße

CHRISTIAN BRANDSTÄTTER VERLAG 25

Schottenring

Schottentor

Wipplingergasse

Freyung

KLASSE KARTAK 63

Schwedenplatz

Julius-Raab-Platz

Herrengasse

Rotgasse

Stephansplatz

Kohlmarkt

Wollzeile

Singerstraße

Stubentor

Heldenplatz

Kärtner Straße

Himmelpfortgasse

MAK 12

SALON FÜR KUNSTBUCH 44

Schwarzenbergplatz

MARIA CHRISTINA 23

WIEN MUSEUM 74

TGA 31

UM:DRUCK 49

Typopografie 5 Wien

2—3

Demut, Detailverliebtheit und eine rosarote Brille.

10 Fragen an 5 Wiener Schriftdesigner

— VON ANNE DREESBACH —

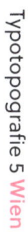

↑ Einblick in die tollen Agenturräume von den Typejockeys: Hier erholt man sich sogar mit den Buchstaben.

Wolfgang Homola
Marcus Sterz _ facetype
Anna Fahrmaier und
Thomas Gabriel _ Typejockeys
Stefan Willerstorfer
Roland Hörmann _ phospho

!!"#$$%%&&'(`(`()`)`)**‚⁺+,‚'--⁻.⁻->-.·://0o0θ0ʘ⁰o0ʘ01111¹₁➡1122222²₂◂223333³
AA◂BB◃CC◁DD▫EE▪FF∙GG■H**HOMOLA**◦II♦JJ☀KK☼LL∙MM✹NN◎Oo
→PP↔QQ⇒RR⇔S**SOLEIL**←TT→UU↔VV−W**WOLFGANG**—XX•YYvv↘ZZ

Wir sind besonders gespannt auf Wolfgang Homola, der unter anderem die Soleil entworfen hat, aus der die Reihe »Typotopografie« gesetzt wird. Der gebürtige Wiener Homola hat nach seinem Studium an der »Graphischen« zunächst für Bohatsch Visual Communication und den Londoner Verlag Harper Collins Publisher gearbeitet beziehungsweise einzelne Projekte übernommen. So stammt etwa die Schrift Circular für das Leitsystem der Arbeiterkammer Wien von ihm. Parallel zu seinen zahlreichen Projekten hat Wolfgang Homola an der University of Reading in England sein Post-Graduate-Studium im digitalen Type-Design absolviert und darf sich seit 2004 Master of Arts in Typeface Design nennen. Als Abschlussarbeit entwarf er die Fonts Pulse Sans und Pulse Serif.

Wie bei vielen anderen Schriftgestaltern auch, ist sein Arbeitsalltag ziemlich bunt und vielseitig: So hat er neben zahlreichen Büchern und Leitsystemen auch Logos, visuelle Identitäten, Briefmarken und jegliche Formen gedruckter Publikationen gestaltet. Zusätzlich unterrichtet er Graphic-Design, Typografie und visuelle Kommunikation.

//1//
Warum müssen noch mehr Schriften gemacht werden? Es gibt doch schon so viele?
… aber keine ist so schön wie diese. (Oder diese. Oder diese …).

//2//
Welches ist Dein Lieblingsbuchstabe?
Das kleine »a« – da ist bereits das ganze Design-Konzept einer Schrift drin, in konzentrierter Form gewissermaßen.

//3//
Was braucht man, um ein guter Schriftdesigner zu werden?
Geduld; Entschlossenheit; eine klare Vorstellung, was nicht in Frage kommt; ein Gefühl für Rhythmus und Form bzw. Gegenform; die Fähigkeit, durch Reduktion der Formen zu mehr Prägnanz zu kommen; Konzentration; Geduld; und noch mehr Geduld; etwas Erfahrung in der Auswahl von und in der Arbeit mit Schriften – z. B. im Bereich Buchgestaltung – kann auch nützlich sein.

//4//
Der typografisch besehen tollste Platz in Wien?
Die Österreichische Nationalbibliothek beherbergt u. a. Bücher von Aldus Manutius, Nicolas Jenson und Simon de Colines.

//5//
Dein Lieblingsessen?
Derzeit: Gözleme (Fladenbrot), mit Erdäpfel-Füllung (am besten noch warm).

//6//
Hörst Du Musik beim Schriftdesignen und wenn ja, welche?
Beim Entwickeln des Grundrepertoires der Formen – es handelt sich dabei um eine Suchbewegung – kann ich keine Musik brauchen; bei der Gestaltung der restlichen 95 % der Buchstaben, bei Spacing, Kerning etc. höre ich alles Mögliche (Iggy Pop; Rowland S. Howard; Konstruktivists; Toto Bissainthe; Ada Falcón; Carlo Gesualdo; Luigi Nono).

//7//
Deine Lieblingsschrift?
Univers.

//8//
Warst Du einmal sehr stolz, als Du Deine Schrift plötzlich irgendwo verwendet gesehen hast?
Ich habe mich sehr gefreut, die Schrift Soleil im Gebäude der Arbeiterkammer Wien (im Leitsystem und bei der Wandgestaltung) – oder aber z. B. auch in diesem Heft – verwendet zu sehen; Stolz ist mir aber ziemlich suspekt.

//9//
Wie kamst Du auf den Namen für Deine Agentur?
–

//10//
Und zum Schluss: Was ist Dein Lieblingscafé in Wien?
Café Rüdigerhof.

Auch für Marcus Sterz, der mit seinen Kollegen Igor Labudovic und Georg Herold-Wildfellner seit 2008 die typefoundry facetype unterhält, ist das Schriftenmachen eine Leidenschaft. Sterz geht dem Schriftenmachen jedoch auch auf den theoretischen Grund. Er hält Lesungen über Lesbarkeit, die Geschichte österreichischen Designs oder die topografischen Aspekte von Typografie. So setzte er sich unter anderem mit einer in Princeton angefertigten Studie auseinander, die aussagt, dass sich Lehrmaterial umso besser merken lässt, je schlechter lesbar die Schrift ist, in der es geschrieben steht. Wonach man dann Lehrbücher extra schlecht mit unleserlichen Schriften setzen müsste?!? Sterz jedoch wies nach, dass wir ja keine Fonts lesen, sondern den gesamten typografischen Aufbau. Und dass in der Studie nicht die schlechtere Schrift zu besseren Lernergebnissen führte, sondern die überlegenere Typografie. Als ausgebildeter Grafikdesigner interessiert ihn besonders, was die anderen mehr oder weniger talentierten Kollegen aus seinen Schriften machen. Seine erfolgreichste Schrift ist die Strangelove, ein handschriftenähnlicher Font, der durch seine schmale Schriftbreite zart und dünn wirkt. Der Font »geht weg wie warme Semmeln!«

// 1 //
Warum müssen noch mehr Schriften gemacht werden? Es gibt doch schon so viele?
Gegenfrage: Warum müssen noch mehr Fotos gemacht werden? Es gibt doch schon so viele …

// 2 //
Welches ist Dein Lieblingsbuchstabe?
Das »Q« – man hat bei der Gestaltung nahezu Narrenfreiheit. Und Worte, die »Q« enthalten, haben immer etwas Exotisches.

// 3 //
Was braucht man, um ein guter Schriftdesigner zu werden?
Übermut, viel Zeit und eine rosarote Brille.

// 4 //
Der typografisch besehen tollste Platz in Wien?
Kreuzung Mariahilferstaße/Neubaugasse. Da steht das Hotel Kummer, dessen Fassade ich immer wieder fotografiere.

// 5 //
Dein Lieblingsessen?
Als Kind: Pommes Frites. Jetzt bin ich erwachsen.

// 6 //
Hörst Du Musik beim Schriftdesignen und wenn ja, welche?
Eher Repetitives. Philipp Glass, Michael Nyman, Techno … und dann hin und wieder Swing.

// 7 //
Deine Lieblingsschrift?
Immer die aktuellste aus meiner Foundry.

// 8 //
Warst Du einmal sehr stolz, als Du Deine Schrift plötzlich irgendwo verwendet gesehen hast?
Ja, als die Strangelove in Jamie Olivers neuem Buch verwendet wurde. Das war ein wunderbares Gefühl.

// 9 //
Wie kamst Du auf den Namen für Deine Agentur?
Entstand aus der Idee eines Buches über Type Design. »Stellt euch der Schrift«, also: FaceType!

// 10 //
Und zum Schluss: Was ist Dein Lieblingscafé in Wien?
Café Jelinek, drei Minuten von meinem Büro entfernt.

Typografie ist schön, macht aber viel Arbeit.

! ! " # $ % & & ' ( )) * + , - > ~ . / / 0 0 1 1 ₁ ¹ 2 2 ₂ ² 3 3 ₃ ³
Aa✱Bb#Cc✢Dd❧Ee♣Ff✍Gg✋Henriette♂Ii❦Jj✈Kk☙Ll🌿Mm☾Nn
🐟Oo→Pp↔Qq❶Rr❷Ss❷Typejockeys→Uu•Vv–Ww—Xx@Yyᵃ Zz

Wir treffen Anna Fahrmaier und Thomas Gabriel (Letzter DIN-A4-Falter, das sind Menschen, die Angst vor leeren DIN-A4-Blättern haben) in ihrem coolen Büro (schöne alte Schriftzüge an der Wand, auch hier!) bei einer Tasse Kräutertee. Beide haben in Wien Grafik und Kommunikationsdesign studiert und 2008 zusammen mit Michael Hochleitner »Typejockeys« gegründet. Sie sind Spezialisten für Schriftgestaltung sowie Gestaltung mit Schrift. Die Arbeit, die sie machen, charakterisieren sie als sehr freundlich und warm, was sich nicht nur in ihren Arbeiten zeigt, sondern auch in ihrem Erfolg: Über heiße Akquisekämpfe und durcharbeitete Nächte sind sie hinaus und ein Projekt ist inzwischen toller als das andere, darunter ihre Arbeiten für den Radiosender FM4 oder das Orientierungssystem für die immerhin 16 000 m² der Tiefgarage im Vienna Business Park. Ihre aktuellste Schrift ist die Henriette, die sie nach ihrer Adresse benannt haben und mit der sie die Schrift der Wiener Straßenschilder interpretiert haben.

// 1 //
Warum müssen noch mehr Schriften gemacht werden? Es gibt doch schon so viele?
AF: Wenn es exakt passen soll, fehlt eben meist die perfekte Schrift. Aber fragen wir den Schriftgestalter. (Lacht.)
TG: Weil es noch nicht genug Schriften gibt, so verlangen etwa technische Anforderungen (Screen, Mobile Devices) nach neuen Lösungen.

// 2 //
Welches ist Euer Lieblingsbuchstabe?
AF: Das »Y«.
TG: Das »A«. Da ist sehr viel drinnen, wenn man das »A« sieht, weiß man schon viel über die Schrift.

// 3 //
Was braucht man, um ein guter Schriftdesigner zu werden?
AF: Liebe zum Detail und Ruhe.
TG: Durchhaltevermögen. Die letzten zehn Prozent nehmen genau so viel Zeit ein, wie die ersten 90 Prozent des Arbeitsprozesses.

// 4 //
Der typografisch besehen tollste Platz in Wien?
AF: Alte Ladenschilder in der inneren Stadt. 7. und 8. Bezirk, da findet man recht schöne Schriftzüge. Mein liebster Schriftzug ist in der Zollergasse im 7. Bezirk, »Büromaschinen«.
TG: Die Straßenschilder, deren Schrift wir ja jetzt auch interpretiert haben. Die sind für Wien sehr wichtig und sehr typisch.

// 5 //
Euer Lieblingsessen?
AF: Also wir kochen ja hier im Büro. Frisches Essen und eine gemeinsame Auszeit zu Mittag sind uns wichtig. Gute Pasta.
TG: Wenn wir essen gehen, dann gerne zum Vietnamesen; also vietnamesisches Curry. (Die Idee, dass wir wegen der Buchstabensuppe fragen, führt zu lautem Gelächter. Ja, einmal gab es auch Buchstabensuppe ...).

// 6 //
Hört Ihr Musik beim Schriftdesignen und wenn ja, welche?
AF: Ja, doch gerne, wir müssen uns dann halt einigen. Am besten ist etwas Ruhiges, was im Hintergrund laufen kann. The XX zum Beispiel.

// 7 //
Eure Lieblingsschrift?
AF: Ich versuche, mit unseren Schriften zu arbeiten, weil ich die einfach besonders gut kenne.
TG: (Langes Hin und Her ...) Bram de Does-Schriften, Trinité, Romanée, sicher auch durch mein Studium in den Niederlanden. Akzidenz Grotesk, ich mag Schriften, die nicht so charakterstark sind.

// 8 //
Wart Ihr einmal sehr stolz, als Ihr Eure Schrift plötzlich irgendwo verwendet gesehen habt?
AF: Ja, man sucht ja auch danach oder bekommt von den Designern Zusendungen, was sie mit den jeweiligen Schriften gemacht haben. Ich habe für ein Abendessen ein Curry gemacht und auf der Dose, in der die Kokosmilch war, habe ich dann unsere Schrift, die Aniuk entdeckt. Beim Abwaschen.
TG: Eigentlich immer, wenn man die eigenen Schriften irgendwo entdeckt.

// 9 //
Wie kamt Ihr auf den Namen für Eure Agentur?
AF: Nächtliche Gespräche mit 18, 19. Da kam dieser Name auf. Wir haben ja schon recht früh entschieden, dass wir ein Büro gründen wollen. Also Jockey meint einen DJ, der ja auch Musik mischt, wie wir Schriften mischen. Keinen Reiter.

// 10 //
Und zum Schluss: Was ist Euer Lieblingscafé in Wien?
AF: Kaffeehaus? Café Central. Leider sehr von Touristen überlaufen. Oder das Phil.
TG: Puh! Das Ritter? Auf der Mariahilfer.

Typographie/Schriftgestaltung ist Balsam für die Seele.

TYPOGRAFIE IST RUHE, KRAFT UND SORGFALT.

!!"#$$$%%&&(¹)*+/0011¹122²233³344⁴4455⁵5566⁶6677⁷7788⁸8899⁹9
AAcorde▷Bb▼Cc▽Dd▾Ee▿F◀Gg◁Hh◂Ii◃Jj◆Kk◇Ll◊Mm♦Nn○Oo◯P
p■Qq□Rr▬Sstefan▭Tt—Uu⇧Vv⇩Wwillerstorfer↗Xx↘Yy@Zz

Wir treffen Stefan Willerstorfer, Jahrgang 1979, im Café Griensteidl (wunderbar! Rot und plüschig!). Willerstorfer hat in Den Haag an der Royal Academy of Art im Studiengang »Type and Media« Schriftdesign studiert und dort mit allerlei Werkzeugen schreiben gelernt, was sich auch positiv auf seine Handschrift ausgewirkt hat. Er unterrichtet seit vier Jahren Typografie und Corporate Design an der Höheren Graphischen Bundeslehranstalt in Wien (die »Graphische«). Im Moment arbeitet er an einer Zeitungsschrift mit Serifen, die robust genug ist, um auch unter schlechten Druckbedingungen gut lesbar zu sein. Falls er die herrliche Stadt Wien einmal verlassen würde, dann um nach New York zu gehen. Mit der Acorde gewann er den »Grand Prize of Applied Typography 21« (2011) von der »Japan Typography Association«, Tokyo. Sein Motto: »Als Laie sieht man die Buchstaben als gegeben an, erst wenn man sich im Detail mit ihnen auseinandersetzt, nimmt man die Schwierigkeiten und Herausforderungen wahr.«

//1//
Warum müssen noch mehr Schriften gemacht werden? Es gibt doch schon so viele?
Weil es noch zu wenige aus Österreich gibt. (Lacht.) Nein, also ich habe mich schon während meines Grafikdesign-Studiums sehr für Schriften interessiert und habe dann auch zwei Konzeptschriften als Diplomarbeit konzipiert. Eine konnte man auch lesen, wenn sie gespiegelt war, die zweite, wenn sie auf den Kopf gestellt war. Als ich mich später selbstständig gemacht habe und vor allem im Bereich Corporate Design tätig war, spielte Schrift natürlich auch eine sehr große Rolle.

//2//
Welches ist Dein Lieblingsbuchstabe?
Es gibt mehrere spannende Buchstaben. Teilweise, weil sie schwer zu gestalten sind, etwa das »S« oder das »g« oder das »e«, andere weil sie formal einfach interessant sind (beispielsweise das »a«). Das »S« etwa sollte nicht kippen und gut ausbalanciert sein. Als nicht so spannend empfinde ich die Buchstaben mit Diagonalen.

//3//
Was braucht man, um ein guter Schriftdesigner zu werden?
Ein gutes Auge und ein Gefühl für Proportionen. Zudem Ausdauer – man darf sich aber auch nicht verzetteln. Eine Schrift muss als Großes und Ganzes funktionieren.

//4//
Der typografisch besehen tollste Platz in Wien?
Schwierige Frage. Ich denke, die Jugendstil-Schrift in den ehemaligen Stadtbahn-Stationen ist typisch für Wien. Aber die sehe ich im Detail kritisch, da sie handwerklich nicht gut ausgeführt ist.

//5//
Dein Lieblingsessen?
Pizza.

//6//
Hörst Du Musik beim Schriftdesignen und wenn ja, welche?
Ja, oft. Meistens Indie-Rock und elektronische Musik.

//7//
Deine Lieblingsschrift?
Lieblingsschrift habe ich keine. Aber wenn ich nur eine Schrift nennen soll, dann wäre das die Syntax. Die war wirklich ein großer Meilenstein.

//8//
Warst Du einmal sehr stolz, als Du Deine Schrift plötzlich irgendwo verwendet gesehen hast?
Dass die Acorde in großen und kleinen Größen verwendet wird, dass also klar wurde, dass sie so funktioniert, wie ich mir das vorgestellt habe.

//9//
Wie kamst Du auf den Namen für Deine Agentur?
–

//10//
Und zum Schluss: Was ist Dein Lieblingscafé in Wien?
Da möchte ich mich nicht festlegen ... Als Tipp für Touristen? Das Café Hawelka.

Typographie ist die Freude am Detail.

S

Wir treffen Roland Hörmann in seiner Wohnung, in welcher lauter schöne alte Schriftzüge hängen. Roland Hörmann wurde 1976 in der herrlichen Stadt Krems geboren. Schon als Kind übten die Letraset-Kataloge, die sein Vater bei seiner Arbeit in einem Architekturbüro verwendete, auf ihn große Anziehungskraft aus (»An die echten Reibebögen durfte ich nicht dran, die waren viel zu kostbar!«). Trotzdem kann man nicht sagen, er sei von Anfang an entschlossen gewesen, Grafikdesigner oder Schriftgestalter zu werden – im Gegenteil: zunächst war er Mitglied in einer Death Metal-Band, die sich dann Richtung Noisecore weiterentwickelt hat (»sehr disharmonisch und arhythmisch«). Nach dem Abschluss der Meisterklasse Kommunikationsdesign an der »Graphischen« in Wien, arbeitete Hörmann zunächst in unterschiedlichen Agenturen, um sich dann 2007 mit phospho selbstständig zu machen. Er entwarf zahlreiche Schriften, darunter die Neonoir, eine Hommage an die Leuchtschriften der 1950er Jahre, die Luxus Brut, den Handschriften der 1950er Jahre nachempfunden. Sein Motto lautet: »Schrift ist die einzige Sache auf der Welt, die so schön wie Musik sein kann.«

//1//
Warum müssen noch mehr Schriften gemacht werden? Es gibt doch schon so viele?
Weil es die technischen Möglichkeiten gibt. Sowohl um die Schriften zu machen, als auch um sie zu vermarkten. In der Ausbildung wird jetzt mehr Wert darauf gelegt, und so kommen mehr Leute auf diese Idee.

//2//
Welches ist Dein Lieblingsbuchstabe?
Das große »A«. Damit fange ich an, wenn ich eine Schrift mache und es ist der Buchstabe, den man von Schriften am häufigsten sieht.

//3//
Was braucht man, um ein guter Schriftdesigner zu werden?
Extreme Detailverliebtheit, Geduld und Ausdauer.

//4//
Der typografisch besehen tollste Platz in Wien?
Das ist der Platz, der mich zu meiner Schrift Luxus Brut inspiriert hat, eine ziemlich unscheinbare Seitengasse, wo nichts ist, außer die Wien Energie, die Mariannengasse. Da befindet sich die Buchbinderei Spath und die haben ein von einem Schildermaler gemaltes Schild samt Signatur, und daran hat sich mein Interesse für Schriftgestaltung entzündet.

//5//
Dein Lieblingsessen?
Was ich selbst kochen kann, Pad Thai, das habe ich mit meiner Freundin zusammen schon perfektioniert.

//6//
Hörst Du Musik beim Schriftdesignen und wenn ja, welche?
Wenn, dann eher, wenn es an die automatischen Prozesse geht, wie das Reinzeichnen. So die Indie-Schiene, eher Experimentelles.

//7//
Deine Lieblingsschrift?
Schwer. Sehr schwer. Muss ich eine sagen? Die Brandon Grotesk.

//8//
Warst Du einmal sehr stolz, als Du Deine Schrift plötzlich irgendwo verwendet gesehen hast?
Ja, als ich die Luxus Brut an einem neuen Café namens »Don Espresso« am Westbahnhof gesehen habe. Und jetzt haben sie sogar eine Filiale am Flughafen. »Don Café«, und da ist sie jetzt in einer riesigen Neon (Leuchtschrift) zu sehen.

//9//
Wie kamst Du auf den Namen für Deine Agentur?
Ich hatte früher eine Arbeitsgruppe zusammen mit Freunden, die Informatik oder Wirtschaft studiert haben. Die Arbeitsgruppe hat Webseiten angeboten, was damals ein recht einträgliches Geschäft war. Und da brauchten wir einen Namen. Zur Namensfindung hat einer von uns einen Silbengenerator programmiert, und da kam dann phospho raus. Die Firma haben wir dann zwar anders genannt, aber als ich angefangen habe, Schriften zu entwerfen, habe ich es als mein Pseudonym verwendet.

//10//
Und zum Schluss: Was ist Dein Lieblingscafé in Wien?
Das Phil auf der Gumpendorfer Straße.

Typografie ist gefährlich.

Anmerkungen: Die Interviews führten Anne Dreesbach und Judith Ludwig. Unter jungen, hippen Schriftdesignern duzt man sich, daher sind die Interviews in Du-Form wiedergegeben ... Das Lieblingscafé aller Schriftdesigner in Wien scheint das Phil zu sein. Wer also welche treffen möchte, sollte da hingehen. Aber wir waren hartnäckig und haben unseren Interviewpartnern noch andere aus der Nase gezogen. Interessant ist, dass alle ihre Mails ausschließlich in Kleinbuchstaben schreiben. Warum? Das ist eine Frage für die nächsten Gespräche. Und warum machen eigentlich viel mehr Männer Schriften als Frauen?

Als Antwort auf die Frage nach dem Lieblingsessen dachten wir eigentlich, es würde jemand mit »Buchstabensuppe« oder »Russisch Brot« antworten; hat aber niemand gemacht! Russisch Brot wurde übrigens in Sankt Petersburg erfunden, wo es als Bukwy (Буквы, dt.: »Buchstaben«) bekannt war. Der Bäcker Ferdinand Friedrich Wilhelm Hanke (1816–1880) aus Dresden hatte es dort entdeckt und das Rezept um 1844 in Dresden eingeführt, wo er eine »Deutsche & Russische Bäckerei« eröffnete, in der Deutschlands erstes Russisch Brot gebacken wurde. In Wien dagegen wird erzählt, Russisch Brot sei im 19. Jahrhundert zum Empfang russischer Gesandter am Wiener Hof erfunden worden – als Zitat des russischen Brauchs, zur Begrüßung dem Gast ein Stück Brot zu geben. Russisch Brot sowie Russian Bread gibt es auch als Schrifttypen.

Rezept

Zutaten für 4 Portionen
4 Eier, davon das Eiweiß
1 Prise Salz
150 g Zucker
1 Pkt Vanillezucker
1 EL Kakaopulver
150 g Mehl

Zubereitung

Die Eiweiße mit Salz zu sehr steifem Schnee schlagen. Zucker, Vanillezucker und Kakao unter den Eischnee rühren. Zuletzt das Mehl zugeben und alles zu einer glatten Masse verrühren. Das Backblech mit Backpapier auslegen. Den Teig gleichmäßig auf dem Blech verteilen. Das Blech 15 Minuten an einem kalten Ort ruhen lassen. Den Backofen auf 170 Grad vorheizen. Das Blech einschieben. Nach zehn Minuten Backzeit das Blech aus dem Ofen nehmen und das Brot in gleichmäßige kleine Stäbchen schneiden. Danach noch mal für fünf Minuten in den Backofen schieben und knusprig backen. Nach dem Backen die Kekse erst leicht abkühlen lassen und dann vorsichtig ablösen. Kekse am besten in einer gut verschließbaren Dose aufbewahren, dann bleiben sie lange schön knusprig.

Quelle: chefkoch.de – wobei hier nicht ganz klar ist, wie man die Buchstaben hinbekommt ...

– VON ANTON ZWISCHENBERGER

»Die angewandte Kunst kann nur bestehen, wenn man sie mit dem Zeitgenössischen in Kontakt bringt«

konstatiert Kathrin Pokorny-Nagel in unserem Gespräch im Januar 2013. Die einnehmende Art und die Begeisterung, mit der die Leiterin der Bibliothek und Kunstblättersammlung des MAK uns berichtet, zieht uns von Anfang an in den Bann. Ein »Laboratorium« der angewandten Kunst – diese Beschreibung trifft auf das altehrwürdige Haus am Ring, das sich allerdings jung und dynamisch präsentiert, im wahrsten Sinne des Wortes zu. Die Vielfältigkeit der beherbergten und ausgestellten Stücke im Museum für angewandte Kunst offenbart ein breites sowie außergewöhnliches Repertoire an Gegenwartskunst, Design und Architektur. Doch lassen Sie uns am besten einen Blick in eines der weltweit bedeutendsten Museen seiner Art werfen.

Im Inneren des »Laboratoriums«

Mit einem Bestand von rund 250 000 Bänden und über 400 000 Grafiken zählt die MAK-Bibliothek und Kunstblättersammlung zur größten Kunstbibliothek in Österreich. »Das eine bedingt das andere und die Grafik ist ohne das Buch nicht denkbar« – diese Idee entstammt dem Denken des 19. Jahrhunderts und diese Tradition, Buch und Grafik zusammenzubringen, ist bis zum heutigen Tag im Museum erhalten geblieben. Somit verfügt das Haus unter anderem über eine Vielzahl an Grafiken sowie Initialen aus dem 11. bis zum 13. Jahrhundert und erreicht mit den Künstlerbüchern die heutige Gegenwart. Eine der frühesten Erwerbungen ist zugleich einer der wichtigsten Grafikbestände des Hauses: eine Ornamentstichsammlung, die zu Beginn etwa 6 000 Stiche umfasste, und die im 19. Jahrhundert nochmals auf 17 000

↗ Die Leiterin der MAK-Bibliothek und der Kunstblättersammlung bei einem Vortrag: Kathrin Pokorny-Nagel.

Stiche aufgestockt wurde. Zur damaligen Zeit, wie auch heute noch, diente beziehungsweise dient sie als Vorlage für die jeweilig zeitgenössischen Künstler. Zudem besitzt das Museum eine große Plakatsammlung, die auch online zur Verfügung steht, eine Gebrauchsgrafiksammlung, eine Exlibris-Sammlung mit über 8 000 Blättern sowie einen wichtigen Bestand von historischen Fotografien.

Ein Sammelsurium der Vielfalt

Ein besonderer Schwerpunkt des MAK liegt auf der Plakatsammlung. Vor allem für die Zeit zwischen den Jahren 1900 und 1930, einer Zeit, in der die Gebrauchsgrafik in Österreich führend war, zeigt sich eine große Vielfalt. Doch gibt es auch, wie in jeder beeindruckenden Sammlung, Lücken. Diese betreffen vor allem die 1940er bis 1960er Jahre des vergangenen Jahrhunderts. Um hier entgegenzuwirken, wurde 2003 der Wettbewerb »100 Beste Plakate« ins Leben gerufen. Das Ziel ist es, sukzessive alle ge-

↑ Eine einzigartige Verbindung von Altem und Modernität: die Säle des MAK.

druckten Plakate, die über das Jahr in Deutschland, Österreich und der Schweiz ausgelobt werden, zu sammeln und somit der Nachwelt eine geschlossene Darstellung zu ermöglichen. Um auch der Öffentlichkeit die Chance zu geben, diese Objekte einzusehen, werden mehrmals im Jahr aus dem Bestand heraus Ausstellungen zusammengestellt, die im Kunstblättersaal stattfinden.

Auch die Buchausstellungen sind zu einer Größe innerhalb des MAK aufgestiegen. Das Projekt wurde 2005 mit einer Ausstellung über russische Kinderbücher gestartet. »Die Ausstellung war sehr erfolgreich, wodurch wir den Bann gebrochen haben und nun zumindest alle zwei Jahre eine Buchausstellung machen«, erzählt Pokorny-Nagel begeistert. Gesagt, getan: Kurz darauf folgte eine zeitgenössische Künstlerbuchausstellung. Und für 2013/14 bzw. 2015 sind zudem Ausstellungen zu Emmy Zweybrück, einer der wichtigsten österreichischen Künstlerinnen der Jahrhundertwende, und zu Franz von Zülow, der in den 1920er und 1930er Jahren maßgeblich in der Buchgestaltung gewirkt hat, geplant. Gerade die Arbeit von von Zülow ist exemplarisch für das Ineinandergreifen von Grafik und Buch und spiegelt so das breite Spektrum des Museums wider.

Weitere »Schmankerl« werden den Besuchern des MAK vor allem mit den unterschiedlichen Ausstellungen zur angewandten Kunst und zu zeitgenössischen Gebrauchs- und Arbeitsgegenständen geboten. Hier wäre beispielsweise die Ausstellung »Istanbul« zu nennen, in der 33 Künstlerinterventionen sowie weitere türkische Kunst gezeigt wurden. Um den kulturellen und internationalen Austausch zu fördern, werden im Gegenzug österreichische Künstler in Istanbul ausstellen. Wie vielfältig sich das MAK präsentiert, zeigte sich auch in der Ausstellung »Werkstatt Vienna«, in der österreichische Manufakturen dargestellt und Objekte aus deren Beständen präsentiert wurden, wie etwa die der Wiener Porzellanmanufaktur oder der berühmten Glasmanufaktur Lobmeyer.

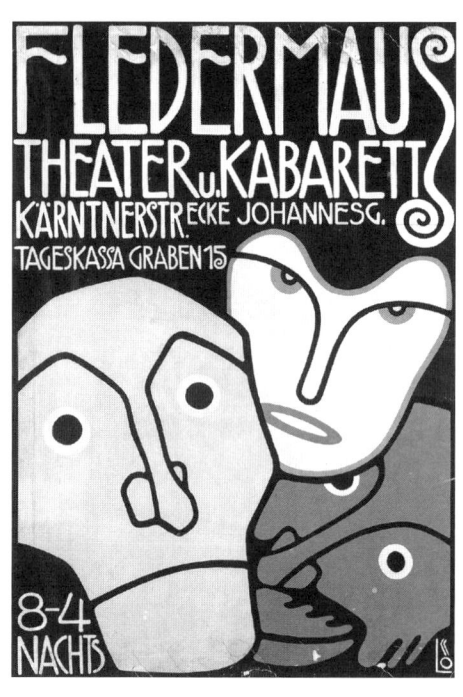

Die Ringstraße und ihr erstes Museum

Als Museum der Arbeiterklasse startete 1863 die Erfolgsgeschichte des ersten staatlichen Museums in der damaligen Habsburger Monarchie. Kaiser Franz Joseph I. selbst hatte mit der Errichtung des Museums prompt auf einen Vorwurf reagiert, so Pokorny-Nagel, den er aus erster Hand von seinen Korrespondenten und Spionen, die während der Weltausstellung in London vor Ort waren, erhalten hatte: »Österreich ist so was von geschmacklos im Kunstgewerbe, da würde man nie international mithalten können.« Nach dem Vorbild des englischen Victoria & Albert Museum, damals noch unter dem Namen South Kensington Museum, wurde das MAK errichtet und war somit das zweite Kunstgewerbemuseum der Welt. Zum ersten Direktor des »Österreichischen Museums für Kunst und Industrie« wurde Rudolf Eitelberger bestellt, welcher damals der erste Professor für Kunstgeschichte an der Universität Wien war.

Doch nach der Gründung stand man zunächst vor der großen Frage: Was soll ausgestellt werden? Das Museum besaß weder eine Sammlung noch sonstige Gegenstände. Zu Beginn trat deshalb vor allem der Kaiser selbst als Gönner und Unterstützer auf. Er verfasste Schreiben an Adelige und Klöster, in denen er um Unterstützung für das neue Museum bat. Auch Gegenstände aus dem Wiener k. k. Polytechnischen Institut sowie Reproduktionen, Galvanos und Gipsabgüsse wurden im neuen Museum ausgestellt. »Nachdem die erste Unterbringung im Ballhaus des Kaisers – wobei hier betont werden muss, dass es sich nicht um den in der Hofburg, sondern um den Turnsaal des Kaisers handelte, in dem tatsächlich Ball gespielt wurde – nicht mehr ausreiche, zog man im November 1871 in den neu errichteten Bau am Stubenring«, so Pokorny-Nagel.

←↖↑
Eine kleine Auswahl aus der umfangreichen Plakatsammlung des Hauses.

Internationalität als Sprungbrett in die Zukunft

Seit 1995 unterhält das MAK eine Dependance in Los Angeles. Die Idee entstand, als das ehemalige Wohnhaus von Rudolf Schindler zum Verkauf stand. Schindler zog 1920 in die USA und zählte zu den wichtigsten Architekten Österreichs; er beeinflusste durch seine rege Bautätigkeit, vor allem von Villen, die gesamte amerikanische Architektur. Sein Wohnhaus wird als Ikone der Architektur bezeichnet. Neben dem Wohnhaus konnte ein weiteres Gebäude von Schindler gekauft und zu einem Apartmenthaus umgebaut werden. Dieses steht Studierenden als Unterkunft zur Verfügung, die dort durch das Stipendienprogramm des MAK ein halbes Jahr arbeiten können. Und dieses Programm trägt Früchte: Die Liste der Stipendiaten liest sich wie das »Who is Who« der jungen österreichischen Kunstszene.

Museum und Laboratorium als Haus der Begegnung

Seit seiner Gründung 1863 hat sich das MAK für eine Verbesserung des Zusammenwirkens von Wirtschaft und Kunst eingesetzt. Kooperationen und Netzwerke zwischen kreativen Köpfen und Unternehmen wurden hergestellt und gefördert. Die Umsetzung von innovativen Ideen für die Einen und neuen Perspektiven für die Anderen sind das Ergebnis dieses Zusammentreffens. Das Ineinandergreifen dieser zwei, sich in der heutigen Gesellschaft immer weiter voneinander entfernenden Bereiche wird also durch die Arbeit des MAK ermöglicht. So kann es als internationales Forum für einen künstlerischen, ökonomischen sowie kulturellen Austausch und Dialog bezeichnet werden.

    Nun bleibt nur noch eines zu sagen: Treten Sie ein und lassen Sie sich in Vergangenheit und Gegenwart der angewandten Kunst entführen! ——

— VON JUDITH LUDWIG

F wie
Fein- und Feinstpapiere
F wie
Fedrigoni

Tintoretto, Tatami und Sirio Pearl – mit solch' klingenden Namen macht der italienische Feinpapierhersteller Fedrigoni seit 1888, als damals erste Papierfabrik in Verona, Italien, auf sich aufmerksam. Die Tradition der Familie Fedrigoni als Papierhersteller reicht allerdings bis ins Jahr 1717 zurück …

… und bis heute ist diese Tradition mit der Fedrigoni Group als Familienunternehmen aufrechterhalten worden. In fünfter Generation inhabergeführt, überzeugt Fedrigoni heute internationale Designer wie Bob Noorda, Alan Fletcher oder Bruno Munari sowie Verarbeiter und Drucker gleichermaßen. Das kreative und exklusive Fedrigoni-Sortiment umfasst über 3 000 Papiere: Natur- und Feinstpapiere, Spezialpapiere für den Digitaldruck, Konsumpapiere, Sicherheits- und Wertpapiere, Haftpapiere und veredelte Kartonagen.

Neben dem Hauptsitz in Verona ist Fedrigoni heute bereits mit eigenen Tochtergesellschaften in Deutschland, Österreich, England, Frankreich, Spanien, Benelux und Asien sowie mit Vertriebspartnern in über 80 Ländern der Welt vertreten. Das Unternehmen beschäftigt insgesamt über 2 000 Mitarbeiter und legt besonderen Wert auf die hohe Qualität der Papiere und den daraus resultierenden Endprodukten. So wird 2013 etwa zum achten Mal der »Fedrigoni Top Award« ausgelobt, ein internationaler Wettbewerb für die Kreativbranche. Daran beteiligen sich vor allem Verlage, Grafiker, Agenturen und viele mehr, die mit Fedrigoni-Papieren besondere Projekte realisiert haben und durch ihre Originalität und Hochwertigkeit aus dem Markt herausstechen. Bei aller Kreativität und Einzigartigkeit gehört allerdings auch bei Fedrigoni ökologisches Bewusstsein als einer der wichtigsten Werte zur Unternehmensphilosophie dazu. Alle technischen Abläufe werden daraufhin untersucht, bei der Produktion möglichst wenig Einfluss auf die Umwelt zu nehmen,

■ Lasergravur und Laserschnitt: Fedrigoni zeigt, was man mit dieser Technik alles machen kann.

↗ Entsprechen der Tradition, die in Wien hochgehalten wird: Die Räume in einem schönen und hellen Altbau in der Stiftgasse.

↗↗ Nicole Urban vom Showroom Wien im Gespräch mit Anne Dreesbach und Judith Ludwig.

Emissionen zu reduzieren und Energie einzusparen. Die Zertifizierung von allen italienischen Werken nach ISO 14001, die FSC-Zertifizierung in Italien seit 2006 und auch in Deutschland seit 2007 machen dies sichtbar.

Wir sind klein, aber doch groß

Fedrigoni ist vor allem durch seine intensive Kundenbetreuung eine Besonderheit unter den Papierherstellern: Kompetente Berater, die auch für kleine Kunden, wie unabhängige Verlage oder Grafikbüros, da sind, kümmern sich ständig um die Informationsvermittlung und unterstützen Kunden mit Mustermaterialien und Kollektionen. Eine Seltenheit unter den Papierherstellern bzw. unter den großen und hochpreisigen Feinpapierherstellern. »Kundenberatung ist das A und O einer erfolgreichen Geschäftsbeziehung. Unser Ziel ist es, den Kunden weitestgehend zu unterstützen, sodass er sich bei der Papierwahl letztlich wohl fühlt. Dabei werden wir in tolle Projekte involviert und bekommen vor allem mit, welche Endprodukte aus dem Papier entstehen«, betont Nicole Urban, verantwortlich für den Showroom Wien. Der direkte Kontakt zum Kunden solle kultiviert werden, gerade in der schwierigen Situation heute, in der es viel um Sparmaßnahmen gehe. Auch die Logistikbetreuung sei neben dieser Besonderheit absolutes Zukunftsgebot. Die Geschichte gibt Fedrigoni recht: Auf eine seit 125 Jahren andauernde Unternehmensgeschichte kann der Papierhersteller heute zurückblicken. Die Firma hat Familientradition, ist in ihrer hochpreisigen Kategorie sehr speziell und dadurch »klein aber doch groß«, so Urban. Ein weiteres Gebot Fedrigonis sei außerdem die Beständigkeit der Produkte: »Die Papiere soll es auch in Zukunft geben, sodass Kunden auch zu einem späteren Zeitpunkt Papiere bestellen können, mit denen sie zufrieden sind. Das ist nicht selbstverständlich, denn es passiert heute oft, dass Papiere schnell wieder vom Markt verschwinden und dann Zweitauflagen von Büchern etwa nicht in derselben Form gedruckt werden können.« Natürlich gäbe es ab und an kleine Änderungen, denn auch aktuelle Trends seien für die Papier-Entwicklung wichtig. So sei es das Ziel, das Sortiment von Fedrigoni den aktuellen Markttrends anzupassen oder Trends vorzugeben.

Der Showroom Wien

Seit Eröffnung des Wiener Fedrigoni Showrooms 2011 hat sich der italienische Feinpapierhersteller nicht nur in der österreichischen Druckindustrie erfolgreich etabliert, sondern auch zu einem kompetenten Ansprechpartner für Grafiker und Designer entwickelt.

In einem Altbau in der Stiftgasse im 7. Bezirk, unweit des MuseumsQuartiers und inmitten vieler kleiner, kreativer und individueller Künstler und Boutiquen, einem sehr kreativen Umfeld also, betreut Nicole Urban mit ihrem Team die österreichischen Kunden. »Es gibt für die Showrooms zwar einen roten Faden, was die Gestaltung und Funktion angeht, aber doch unterscheiden sich alle Showrooms auch voneinander: In Wien sind wir zum Beispiel sehr traditionell, dazu gehört diese schöne Altbauwohnung mit Stuckdecken und moderner, stilvoller Einrichtung, das gibt ein rundes Konzept.« Der direkte Vertrieb soll nun also auch in Österreich die Wege kürzer machen und vermeiden, dass die Kunden – wie früher – an den Großhandel verwiesen werden und nur ein eingeschränktes Sortiment angeboten bekommen. Zwar sei Fedrigoni auch in Österreich seit Jahrzehnten im Handel bekannt, so Urban, aber vermehrt über das Produkt, also die Papiere und ihre Sorten, und nicht über den Namen Fedrigoni. »Es geht darum, das bereits bekannte Papier auch mit dem Namen Fedrigoni zusammenzubringen.« Die zentrale Lage des Showrooms in der Stadt hilft dabei und ist auch typisch für seine Pendants in Hamburg, Berlin und Düsseldorf: »Jeder kann auf Voranmeldung vorbeikommen und sich Druckprojekte aus der Praxis

← ← Eine Arbeit mit Fedrigoni-Papier.
← Im Showroom sind Papiermuster und aktuelle Arbeiten mit Fedrigoni-Papier ausgestellt.

FEDRIGONI Austria GmbH
Showroom Wien
Stiftgasse 21 / Top 13
A – 1070 Wien
Telefon 0043-1-310 07 71
Telefax 0043-1-310 07 72
info@fedrigoni.at

sowie Kollektionen von unseren Papieren ansehen.« Relativ neu im Showroom Wien ist das kleine Musterlager, welches dem Kunden ermöglicht, auf die Schnelle ein spontan benötigtes Papiermuster abzuholen, wenn es für den Postweg zeitlich zu knapp ist.

Jeder ist eingeladen

Und wer kommt in die Showrooms? Fedrigoni ist es wichtig, dass jeder dort willkommen ist, der Interesse hat: Kleine Kunden für Hochzeitseinladungen sind ebenso eingeladen wie Grafiker oder etwa Verleger, die es schätzen, im Showroom die Papiere zu sehen, zu fühlen und direkt mit dem Hersteller zu reden. Große Mengen können hier ebenso bestellt werden, die dann über das Zentrallager in Deutschland versendet werden wie auch einzelne Bögen, etwa für Diplomarbeiten von Grafikstudenten. Der Showroom verwirklicht also das Konzept Fedrigonis, als Produzent und Direkthandel gleichermaßen zu agieren. Die Besonderheit Wiens ist dabei, dass es durch seine Nähe zu Osteuropa seit 2011 auch Tschechien, die Slowakei und Ungarn mit betreut und dort mit eigenen Ansprechpartnern am Markt vertreten ist. Der Vertrieb in diesen Ländern funktioniert inzwischen sehr gut. Wie die Showrooms in den anderen Städten auch, veranstaltet Fedrigoni in Wien Seminare und Workshops, die positiv angenommen werden, wie etwa die letzte Veranstaltung: ein Workshop zur Lasergravur von Papieren. »Die Technik des Laserschnitts ist in Wien bisher noch nicht so stark bekannt, deshalb werden solche neuen und innovativen Techniken hier angeboten«, betont Urban. Bei der Laserveredelung lassen sich außergewöhnliche Effekte wie etwa Schmauchspuren zu erstaunlich geringen Kosten realisieren. Mit Fedrigoni-Papier wurden bereits sehr viele Projekte mit Laserveredelung hergestellt, die davon zeugen, was mit den qualitativ hochwertigen Drucksorten alles möglich ist. Auch zur Vienna Design Week im Herbst bestehen verschiedene Kooperationen mit Designern. So wurde letztes Jahr etwa eine Ausstellung mit aus Fedrigoni-Papier hergestellten, gelaserten Lampenschirmen realisiert – Designobjekte aus Papier! Im März fand ein Buchbindevortrag statt, wo Möglichkeiten und Trends dieses künstlerischem Handwerks präsentiert wurden. Aber nicht nur für Bücher seien die Papiere eine gute Wahl, sondern gerade auch für Projekte mit geringem Papieranteil. Auch wenn die Spanne der Inhaltspapiere, wie es innerhalb eines Projektes oft vorkommt, nicht so gewaltig ist, lohne es sich, statt beispielsweise Leinen, eventuell ein schönes Umschlagpapier von Fedrigoni zu verwenden, so Urban.

Bewusstsein für gutes Papier

Trotz reichlicher Sparmaßnahmen auch im Druckwesen, gebe es glücklicherweise ein Bewusstsein für gutes Papier. »Je nachdem, welche Message nach außen gehen soll, werden entsprechende Papiere mit besonderer Haptik gewählt. Die Qualität des Papieres, beispielsweise bei einer Pressemappe, geht ins Bewusstsein des Empfängers über und spielt somit eine große Rolle; solche Dinge kann man eben nicht elektronisch vermitteln. Und gerade bei Pressemappen ist ein gutes, stabiles Papier auch deshalb wichtig, weil sie auch immer wieder in die Hand genommen und durchgeblättert werden«, so Urban. »Wir versuchen, dieses Bewusstsein zu stärken und es gibt tatsächlich inzwischen wieder einen leichten Aufschwung!« Auch dafür seien die Workshops für Verlage, Kreative aus Agenturen, Industrieunternehmen und für alle, die sich für gute Papierqualität interessieren, da: damit man die Möglichkeiten in diesem Bereich sieht und neue Ideen generieren kann.

Wir danken Nicole Urban vom Showroom Wien sehr herzlich für das Gespräch! ──

MEIN KAFFEEHAUS TIPP

Nicole Urbans Lieblings-Kaffeehaus: Café Sacher Wien in der Philharmonikerstraße 4, A-1010 Wien, und das Café Gloriette im Schlosspark Schönbrunn, 1130 Wien, wegen seines tollen Ausblicks. Aber den besten Kaffee gebe es natürlich im Fedrigoni-Showroom Wien.

Superhelden, Kulleraugen und Donald Duck

Ein Besuch in der Welt der Comics

— VON RAMONA FEILKE ———

Der Comictreff Wien in der Barnabitengasse 12, zwischen der Mariahilfer Straße und dem Haus des Meeres, ist schon allein durch seine äußere Ladengestaltung ein echter Hingucker. Aus einem historischen Geschäftsportal leuchtet den Passanten der Schriftzug COMICTREFF entgegen. In den Schaufenstern werdem Comics und Merchandising-Artikel aller Art präsentiert: englische und deutsche Comic-Hefte, Simpsons-Figuren, Panini-Sammelalben, Superhelden-T-Shirts und vieles mehr. Blickt man durch dieses Allerlei hindurch in das Innere des Geschäfts, enthüllen sich etliche Reihen von Regalen, die bis oben hin mit Comics, Mangas und vielem mehr gefüllt sind. Nachdem wir das Geschäft von außen in Augenschein genommen haben, betreten wir den Comictreff und fühlen uns dabei von einem Donald Duck-Riesen in Miesepeter-Pose von der Seite beobachtet. Drinnen angelangt, erwartet uns aber schon das nette Betreiber-Team und begrüßt uns herzlich: Wolfgang Leherbauer, Manfred Stürtzer und Christian Schreiner – die Männer hinter dem Comictreff.

Seit seinem Umzug im März 1997 von der Operngasse am Karlsplatz in die Barnabitengasse beherbergt der Comictreff hier inzwischen deutsch- und englischsprachige Comic-Hefte, Graphic Novels, Tradepaperbacks, Mangas, Alben franko-belgischer Herkunft, Animes, Action-Figuren, Collectible Cards und und und … Wir bekommen eine Führung durch das Geschäft, das in Wirklichkeit größer ist, als es von draußen erscheint – weitere mit Comics gefüllte Räume gehen von dem großen vorderen Ladenlokal nach hinten ab und eröffnen eine richtige Comicwelt. Seit der Gründung des Geschäfts hat sich viel getan in der Welt der Comics, erzählt uns Manfred Stürtzer, einer der Gesellschafter, gelernter Offset-Drucker und studierter Architekt, der schon über 15 Jahre beim Comictreff mit dabei ist: »Der Markt ist heute wesentlich lebendiger als früher.« Es geht nicht mehr nur um Superhelden. Viele Leute, die

Der Comictreff in der Barnabitengasse 12, gelegen zwischen der Mariahilfer Straße und dem Haus des Meeres.

früher niemals Comics gekauft oder sich nur ansatzweise dafür interessiert haben, gehören heute zu seinen besten Kunden und begeistern sich für Stories mit grafischem Qualitätsfaktor. Zudem kaufen Eltern heute verstärkt Comics für ihre Kinder, um sie von Computern und Spiele-Konsolen wegzulocken. Ehemalige Comic-Verweigerer erwerben so heute reihenweise Mangas oder Graphic Novels – im Grunde Comics, nur anders verpackt. Wir erfahren, dass Mangas in Europa verstärkt seit den 1990er Jahren an Popularität gewonnen haben und sich infolgedessen eine neue Comic-Käuferschicht etabliert hat. Ihren Anfang nahm die Kulleraugen-Begeisterung der Europäer mit Mangas wie Sailor Moon und Dragonball. Im Heimatland der Mangas, in Japan, haben sie jedoch noch eine viel breitere Leserschaft als in Europa oder Amerika; dort sind Mangas schon lange in der Mitte der Gesellschaft angekommen und werden auch zu ganz speziellen Themen wie Golfen oder Kochen herausgegeben. In Tokios U-Bahnen sitzen in nicht geringer Zahl schick gekleidete Geschäftsleute, die auf der Fahrt zur Arbeit Mangas lesen – bei uns noch unvorstellbar.

»Graphic Novel« – das »Bio«-Label der Comic-Welt

Neben Mangas liegen momentan Graphic Novels im Trend. Ähnlich wie Kunden heute gezielt und vermehrt Produkte mit »Bio«-Label kaufen, werden im Comicbereich verstärkt Graphic Novels nachgefragt. Das haben auch die Verlage erkannt und werfen deshalb zurzeit einen Graphic Novel nach dem anderen auf den Markt, auch wenn sie vorher noch nie etwas mit Comics am Hut hatten, äußert sich dazu das Team von Comictreff. Hauptsache das Label »Graphic Novel« sei auf dem Cover platziert. Aber auch im Allgemeinen haben sich die Themen der Comics der Zeit angepasst, so Stürtzer. Viele moderne Graphic Novels sind grafisch hochwertig und behandeln aktuelle Stoffe, die vor 20 Jahren in Comic-Form nahezu unverkäuflich gewesen wären: journalistisch-politische Themen (homosexuelle Enklaven in Italien unter Mussolini), klassische Literatur (Marcel Proust), Musik (Johnny Cash) – die Vielfalt ist groß. Der Verdienst von Mangas und Graphic Novels sei auch, betont Stürtzer, dass sie das weibliche Publikum für den Comic-Markt erschlossen hätten – eine Zielgruppe, die früher nahezu nicht existiert hat. So haben sich inzwischen Comics etabliert, in denen Frauen die Protagonistinnen sind oder in denen es hauptsächlich um Frauenthemen geht; außerdem von Frauen gezeichnete und geschriebene Comics.

Manfred Stürtzer sieht eine weitere Entwicklung am Comic-Markt: »Auch bei den amerikanischen Comics steigt die Story-Qualität seit den letzten 15 bis 20 Jahren. Es gibt sehr gute Serien, Fantasie-, Thriller-, Crimeserien oder auch Beziehungsge-

↖↖ Der Comictreff hat eine große Auswahl an amerikanischen Tradepaperbacks im Sortiment.

↖ Graphic Novels werden immer populärer und immer mehr werden für Frauen geschrieben.

← Graphic Novels gibt es zu den unterschiedlichsten Themen, zum Beispiel auch zu Musik. Hier im Bild ein Comicroman über das Leben Johnny Cashs.

schichten«. Kino-Verfilmungen wie Die Avengers oder TV-Serien wie The Walking Dead belebten den Markt; und auch die dazugehörigen Comics würden, liefe ein Film oder eine Serie gut, dementsprechend mehr verkauft. »Ja, vor allem im Fall von The Walking Dead beflügelt die TV-Serie die Comic-Verkäufe schon merklich.« Film und TV tragen außerdem dazu bei, dass Superhelden und Zombies auch bei Frauen immer bekannter und beliebter werden.

Der Kampf der Superhelden

Der bei den Comictreff-Kunden beliebteste und am meisten nachgefragte Superheld ist übrigens Batman, der alle anderen Power-Männer, so zum Beispiel Superman oder Spiderman, mit Abstand auf die hinteren Plätze verweist. Und gerade an Batman wird deutlich, wie sich Comics in den letzten Jahrzehnten verändert haben. »Mehr und mehr wird versucht, in den Comics eine Art Realistik zu schaffen – insofern es in so einem Genre überhaupt realistisch werden kann. Schon seit den 1980er Jahren versucht man, die Figuren menschlich zu zeichnen, etwa in den bekannten Schlüsselcomics wie den Batman-Geschichten von Frank Miller oder auch Watchmen von Alan Moore. Man versucht sich vorzustellen: Wie ist Batman als alter Mann? Wie wäre es, wenn reale Menschen diese Kräfte hätten? Man versucht, eine gewisse Logik hineinzubringen, soweit es eben möglich ist.«

Dass Comics und deren Charaktere immer salonfähiger werden, merkt man übrigens auch auf den Buchmessen in Frankfurt, Leipzig und Wien, wo das Genre immer mehr Platz einnimmt. Vor allem die Leipziger Buchmesse im März wird jedes Jahr aufs Neue von Tausenden Comic-Fans bevölkert und veranstaltet Cosplay-Kostümwettbewerbe. Da kann es durchaus vorkommen, dass ein ganzes Asterix-Dorf durch die Gänge streift und den gewöhnlichen Messebesucher erstaunt zurücklässt. Auch Stürtzer fährt dieses Jahr wieder nach Leipzig, »um zu sehen, was sich so in der Szene tut«.

Seit den 1980er Jahren hält auch das Merchandising verstärkt Einzug in die Comic-Welt: mit Figuren, T-Shirts und vielem mehr. »Damit lässt sich natürlich einiges Geld verdienen«, so Stürtzer, »sei es bei Batman, Simpsons oder Star Wars«. Auch solche Artikel hat der »Comictreff« im Sortiment und importiert sie, so wie einen Teil der Comics, einmal wöchentlich aus den USA. Vieles wird zusätzlich über europäische Vertriebssysteme besorgt.

Bei den großen Comic-Konzernen in den USA gibt es übrigens seit Jahrzehnten ein Kopf an Kopf-Rennen: Zwischen den beiden größten Superhelden-Schmieden Marvel (Iron Man, Thor, The Avengers, Spiderman, Daredevil u. v. m.) und DC Comics (Superman, Batman, The Flash, Justice League u. v. m.), die beide übrigens bereits in den 1930er Jahren gegründet wurden, geht es kontinuierlich um die Vorherrschaft in der Welt der Comics. Marvel wurde 2009 übrigens von Disney gekauft, wozu auch schon Lucas Arts (Star Wars) gehört. Zum Glück trat die Befürchtung, dass die Mickey Mouse nach der Übernahme auf einmal in den Avengers vorkommen könnte, nicht ein, schmunzeln die Comictreff-Betreiber. Neben Marvel und DC Comics gibt es noch sogenannte Bongo Comics (Simpsons, Futurama) und Dark Horse (Hellboy), die ganz oben am Markt mitmischen.

Die »grafische Intensität« von Comics

Eine noch junge Entwicklung in der Szene sind Webcomics. Doch Stürtzer sieht keine Bedrohung des Printprodukts Comic durch das Internet, ebenso wenig wie durch E-Books: »Ich glaube, dass die grafische Intensität von Comics als Printmedium so groß ist, dass Webcomics oder E-Books keine Bedrohung sind. Das ist ja dasselbe wie bei Kunst- und Architekturbüchern:

Es wäre lächerlich, diese ausschließlich als E-Book zu kaufen. Das wäre kein Vergleich. Außerdem hebt man sich Comics gerne auf. Es gibt viele passionierte Sammler unter den Comic-Fans.«

Die Comics von Marvel und DC sind meist farbig gedruckt, bei den Graphic Novels hingegen findet man genauso oft schwarz-weiße Exemplare. »Auch für unsere Kunden muss es nicht immer Farbe sein«, weiß Stürtzer aus Erfahrung. »Das ›Fehlen‹ der Farbe kann durchaus gestalterisches Mittel sein.« Fast immer jedoch finden sich in Comics Denk- und Sprechblasen, wobei es »kein Gesetz« gibt, »dass ein Comic unbedingt Text aufweisen muss«. Die gestalterische Komposition von Text und Bild als Zusammenhang sei aber schon eher typisch für Comics. Doch gibt es vereinzelt sogar welche, die gänzlich ohne Text auskommen wie »Mister O« und »Mister I« von Lewis Trondheim. Die Bilder erzählen die Geschichte, nicht umsonst spricht man von serieller Kunst.

Insofern aber Schrift ein Teil des Comics ist, besteht sie meist ausschließlich aus Großbuchstaben – bei den Marvel-Comics schon seit den 1930er Jahren. Der gewagte Versuch des Comic-Giganten, in den frühen 2000er Jahren die Lesegewohnheiten der Comic-Fans umzukrempeln und Versalien auf Groß- und Kleinschreibung umzustellen, blieb ein kurzes Experiment, das auf Kritik stieß. Zu sehr waren die Leser an die alte Schriftgestaltung gewöhnt. Schnell kehrte Marvel also wieder zu den bewährten Versalien zurück. Das Experiment zeigt, dass die in Comics verwendete Typografie genauso wichtig ist wie die Bilder.

Comic-Fonts wurden vor dem Computerzeitalter noch mit der Hand gelettert, inzwischen hat man in der Branche fast komplett auf computergeneriertes Lettering umgestellt. Die in Comics verwendeten Schriften sollten damals wie heute lebendig und verspielt, jedoch auf keinen Fall steif und normal wirken. Denn mit der richtigen Comic-Schrift lassen sich Figuren charakterisieren, Stimmungen beschreiben sowie Tonfälle, Laute und Geräusche vermitteln. In den ursprünglichen Asterix-Comics beispielsweise sprechen Figuren unterschiedlicher Nationalitäten und Stämme in verschiedenen Schriften, sodass man anhand der verwendeten Schriftart auf die Herkunft des gerade sprechenden Charakters schließen kann. So artikulieren sich die Goten etwa in Fraktur – inklusive Ligaturen. Die Schrift in den Denk- und Sprechblasen wird zudem häufig durch Symbole, Schriftzeichen und kleine Bilder ergänzt, um die Botschaft des Textes zu unterstreichen.

Aufruhr um die Comic Sans

Seit die Comic Sans 1995 im Auftrag von Microsoft entworfen wurde, gibt es Comic-Schriften auch für den Computer. Inzwischen ist eine Vielzahl von Comic-Schriften entweder kostenlos oder als Fonts zum Kauf erhältlich. Doch die bekannteste ist nach wie vor die Comic Sans, um die seit Jahren ein heftiger Streit in der Typografie-Szene, aber auch unter Laien tobt. Führende Typografen haben sich für ihre Abschaffung ausgesprochen, sogar der Spiegel hat Position in diesem Streit bezogen und sich negativ zu dieser Schrift geäußert. Während Laien die Schrift lustig oder erfrischend anders finden, gehen Gestalter auf die Barrikaden ob ihrer Verwendung außerhalb von Comics. Die »Ban Comic Sans«-Website zeigt den Charakter der Diskussion und verdeutlicht, was für einen Aufruhr eine Schrift, oder vielmehr deren zweckentfremdete Verwendung, auslösen kann.

Im Comictreff in der Barnabitengasse hat man von dem Comic Sans-Streit noch nichts mitbekommen. Für die Comic-Käufer ohne grafische Ausbildung mag die Diskussion auch nicht wichtig erscheinen, Hauptsache, die Schrift passt gut zum jeweiligen Comic – egal, ob sie nun Comic Sans, Blam Blam, Winter in Gotham oder Monster Fonts heißt. ───

Comictreff Buchhandels GmbH
Barnabitengasse 12
A – 1060 Wien

Telefon 0043-1-586 76 27
comictreff@comictreff.at
www.comictreff.at mit Captain's Bl

Öffnungszeiten:
Mo.–Fr. 10–19 Uhr und Sa. 10–14 Uh

MEIN KAFFEEHAUS TIPP

Manfred Stürtzer:
das Café Mentone in der Kirchengasse im 7. Bezirk – ein Geheimtipp, mit dem Flair der 1950er/1960er Jahre und ausgezeichneten Mehlspeisen und Kaffee im Angebot, ein echtes Retro-Juwel!

↓ Das Team vom Comictreff, von links nach rechts: Manfred Stürtzer, Christian Schreiner und Wolfgang Leherbauer.

— VON KATHARINA DEHNER

Ein durch und durch rosafarbenes Buch? Was im ersten Moment stutzig macht, verleitet schnell zum interessierten Durchblättern des Buches, das schlicht und edel zugleich wirkt. Durch die außergewöhnliche Gestaltung und die Liebe zum Detail hebt sich der Tagebuchroman von den am Markt vertretenen historischen Romanen ab.

Maria Christina
Tagebuch einer Tochter

Ein historischer Roman der besonderen Art

Das hellrosafarbene Papier des Romans erinnert den ein oder anderen Leser auf den ersten Blick vermutlich an eine kitschige Liebesgeschichte – doch weit gefehlt: Das schlicht gehaltene Cover mit dem Titel in Schreibschrift kommt ganz ohne üppige Goldprägung oder historische Frauengestalt aus. Bei der gewählten Schrift, die ITC Johann Sparklin, handelt es sich um eine Nachahmung der Handschrift einer gebildeten Person aus dem 18. Jahrhundert. Dem österreichischen Schriftdesigner Viktor Solt ging es bei ihr nicht um eine genaue Kopie einer Handschrift, sondern vor allem darum, die Lücke zwischen formalen Schriften und unleserlichen Kritzeleien zu schließen. Für den Text im Buchinneren hat F. J. Keselitz, die Agentur für angewandte Typografie, die den Roman für den August Dreesbach Verlag gestaltet hat, eine modernisierte Form der Didot gewählt. Charakteristisch für diese Antiqua sind die Strichstärkenunterschiede. Firmin Didot, ein Zeitgenosse der historischen Maria Christina, perfektionierte sie und so avancierte die Schrift zu Beginn des 19. Jahrhunderts zur vorherrschenden Schrift in Europa.

Tagebuch einer Kaisertochter

Auch inhaltlich hat das Buch nichts mit einer schnulzigen Liebesgeschichte gemein: Maria Christina, Lieblingstochter der Kaiserin Maria Theresia, war in vielerlei Hinsicht eine außergewöhnliche Frau zu ihrer Zeit: Umfassend gebildet, interessiert an Literatur, Kunst und Musik und mit einer gehörigen Portion Selbstbewusstsein ausgestattet, war es für sie nicht leicht, sich in das strenge spanische Hofzeremoniell am Wiener Hof einzufügen. Zu dieser Zeit befand sich die Donaumonarchie auf dem Höhepunkt ihrer Macht, prunkvolle Hofhaltung und rauschende Bälle waren ebenso Alltag wie die rigide Heiratspolitik, der sich Töchter und

Söhne unterwerfen mussten; auch tragische Todesfälle musste Maria Christina schon in jungen Jahren überwinden. Und auch wenn Maria Christina von klein auf dazu erzogen wurde, eines Tages die politischen Beziehungen der Habsburger als Ehefrau an der Seite eines einflussreichen Regenten zu festigen, träumte sie von einer Liebesheirat – schließlich war ihren Eltern eine so ungewöhnliche Verbindung ebenfalls geglückt …

Der intime Einblick des Tagebuchs schafft Zugang zu Maria Christinas Gefühlen, aber auch zum Leben der kaiserlichen Familie. Der Spaziergang auf den Spuren der Habsburgerin beginnt in der Hofburg; gleich in der Nähe befindet sich die Augustinerkirche, in der die Herzen der Familienmitglieder bestattet wurden. In der Nähe liegt auch die Kunstsammlung der Albertina und von dort die Straße hinunter der Neue Markt, dessen Besichtigung adeligen Damen im Allgemeinen und Erzherzoginnen im Besonderen keinesfalls erlaubt war. Doch einmal, als sich die Gelegenheit bot, büxte Maria Christina mit ihrer Schwägerin Isabella von Parma aus der Kutsche aus …

Anhand der überlieferten Briefwechsel zwischen Maria Christina und ihren engen Vertrauten hat die Autorin Rebecca Novak einen fundierten historischen Tagebuchroman verfasst, der seine Leser in die Welt der Habsburger im 18. Jahrhundert entführt. Zusammen mit der originellen Gestaltung des Buches lässt dies »Maria Christina – Tagebuch einer Tochter« zu etwas ganz Besonderem werden …

Vier Fragen an F. J. Keselitz:

1 Rosa gilt oft als »Kleinmädchenfarbe« – eine Zuschreibung, die auf Maria Christinas Charakter sicherlich nicht zutrifft. Warum dennoch die grundsätzliche Entscheidung für die Farbe Rosa?

Für mich ist Rosa in erster Linie die Farbe des Rokoko. Man denke nur an Schloss Benrath, das Kurfürstliche Schloss in Trier oder Schloss Friedrichsfelde. Und Maria Christina war ein Kind ihrer Zeit und mochte Rosa sicherlich sehr. Deswegen habe ich auch kein Pink oder Baby-Rosa gewählt, sondern ein schönes Rosa; dieses Rosa spielt übrigens auch in der Mode eine große Rolle, etwa bei Dior oder Chanel. Und niemand würde da von »Kleinmädchenfarbe« sprechen. Die meisten Frauen mögen einfach Rosa.

2 Hatten Sie Bedenken, dass ein rosafarbenes Buch nicht nur Aufsehen erregen, sondern auch im schlimmsten Fall nicht ernst genommen werden könnte?

Natürlich war es ein Wagnis, ein rosa Buch zu machen. Ich bin froh, dass der Verlag so mutig war, dieses Wagnis einzugehen. Aber die Gestaltung ist ja sehr zurückhaltend und elegant, das Buch sieht schon so aus, als ob es ernst zu nehmen wäre. Außerdem ist es eine romantische Liebesgeschichte, ein Spiel zwischen Fakten und Fiktion, das darf sich auch in der Gestaltung widerspiegeln. Es muss also gar nicht so ernst sein …

3 Warum haben Sie sich dazu entschieden, nicht nur das Cover in Rosa zu gestalten, sondern auch den gesamten Inhalt auf rosafarbenes Papier zu drucken? Hätte die Imitation vergilbten Papiers und eines Ledereinbands nicht authentischer gewirkt?

Authentischer vielleicht, aber nicht halb so leicht und vergnüglich. Gerade dass auch der Inhalt auf rosa Papier gedruckt ist, ist die Besonderheit, da es bisher in Österreich oder Deutschland kein rosa Buch gab. Später haben mir Kollegen einen Krimi aus Frankreich gezeigt, der auf gräulich-rosa Papier gedruckt ist.

4 Weshalb ist die Wahl auf die Didot gefallen? Sie wurde zwar von einem Zeitgenossen Maria Christinas entwickelt, etablierte sich jedoch erst nach ihrem Tod als vorherrschende Schrift in Europa …

Zur Familie Maria Theresias passt die Didot einfach am besten. Man sprach ja auch in Wien Französisch und die französische Kultur und Mode war auch hier tonangebend. Im zweiten Teil spielen Maria Antonia, die kleine Schwester von Maria Christina und spätere Marie Antoinette, und eine Reise nach Frankreich eine große Rolle, so erschien mir eine französische Schrift am passendsten.

← Maria Christina – Tagebuch einer Tochter liest sich am besten mit einer gemütlichen Tasse Tee oder Kaffee!

Christian Brandstätter Verlag GmbH & Co KG • Wien – München
Wickenburggasse 26 • 1080 Wien
Telefon 0043-1-51 21 54 30 • Telefax 0043-1-51 21 54 32 31
www.cbv.at • info@cbv.at • facebook.com/Brandstaetter.Verlag

— VON RAMONA FEILKE UND
FLORIAN GRESSHAKE —

Der Verlag für die schönen Dinge des Lebens

Nikolaus Brandstätter und sein Team im Interview

Im 1982 gegründeten Christian Brandstätter Verlag erscheinen ausgewählte Kunst- und Lifestyle-Bücher, die sich immer wieder unter den »Schönsten Büchern Österreichs« befinden. Von Kochbüchern über Reiseführer und Ausstellungskataloge bis hin zu Kunst- und Gartenbüchern ist alles mit dabei. Ursprünglich lagen die Themenschwerpunkte des Verlages bei »Wien um 1900«, der Wiener Werkstätte, Klimt, Schiele und Co. Maxime der Wiener »Bücherwerkstatt« Brandstätter, die im Herbst 2012 ihr 30-jähriges Bestehen feierte, ist bis heute eine hochwertige Ausstattung der Bücher. Es gilt zu zeigen, was das Printprodukt Buch alles kann – kürzlich auch in Zusammenarbeit mit der Universität für angewandte Kunst in Wien im Rahmen eines Gestaltungswettbewerbes. Das Ergebnis ist der »Zoo der imaginären Tiere«, der als Leporello gestaltet ist und gerade als eines der schönsten Bücher Österreichs 2012 ausgezeichnet wurde.

Wir waren zu Besuch in den altehrwürdigen Verlagsräumen in der Wickenburggasse 26 und haben uns mit Nikolaus Brandstätter, der die Leitung 2011 von seinem Vater, dem Verlagsgründer Christian Brandstätter, übernommen hat, der Leiterin der Presseabteilung, Friederike Harr, und den beiden Haus-Grafikern Alexander Rendi sowie Christine Link zum Interview getroffen.

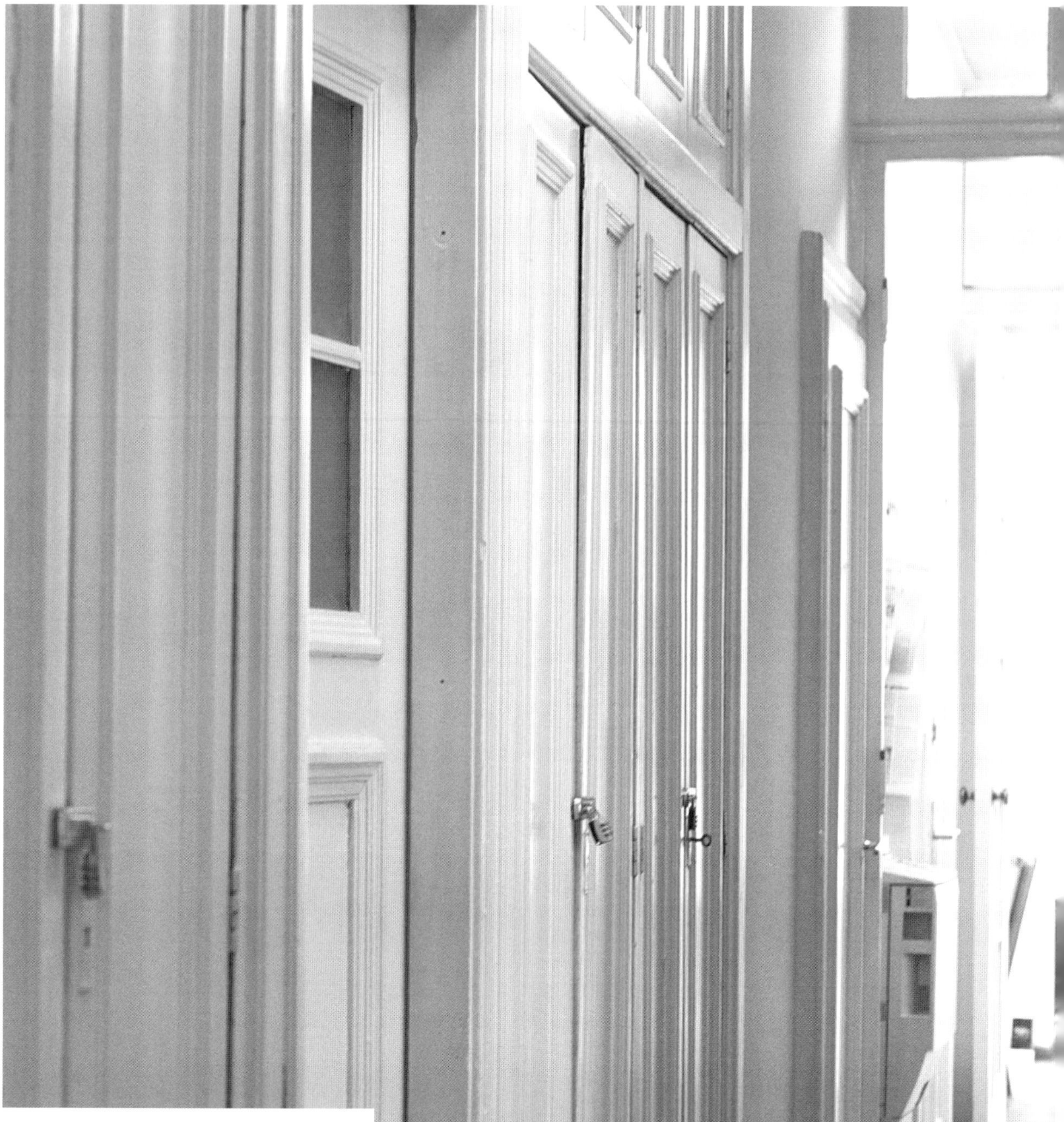

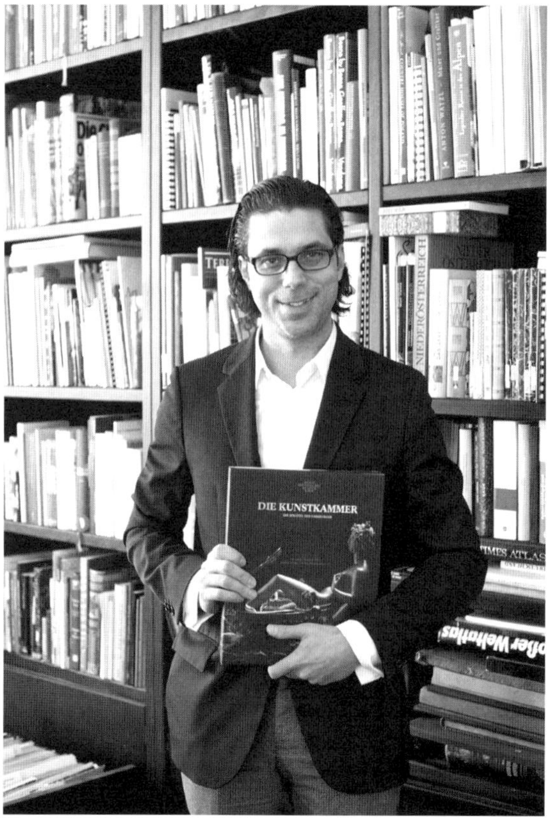

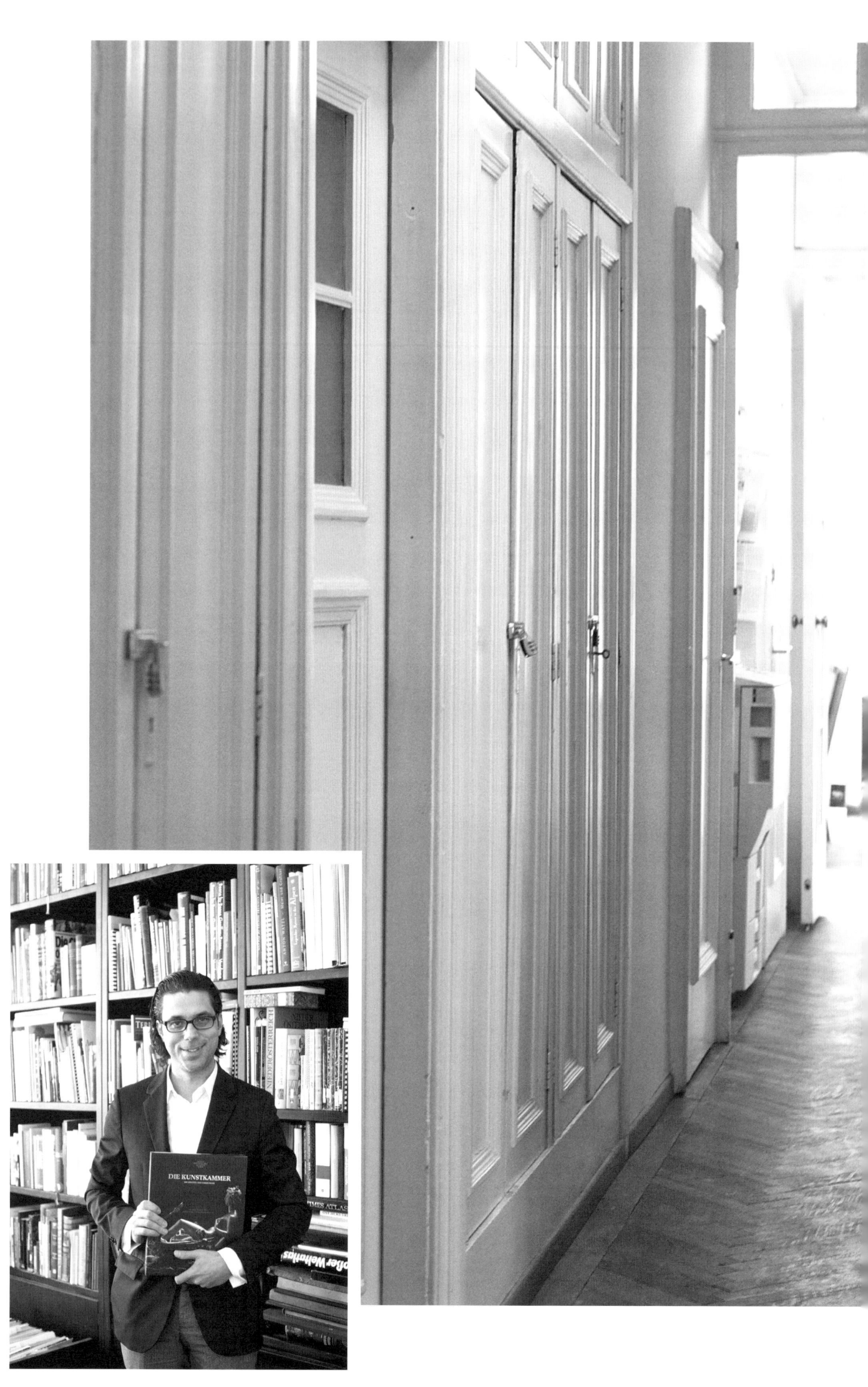

Florian Greßhake: Herr Brandstätter, hat sich, seitdem Sie die Verlagsleitung innehaben, eine Schwerpunktverlagerung im Programm ergeben?

Nikolaus Brandstätter: Nein, es gab keine Schwerpunktverlagerung. Es gibt für uns als Verlag einen Gesamtauftritt. Die klassischen Bereiche, die wir seit Verlagsgründung im Programm haben, vor allem Kunst und Fotografie, sind für unser Image und unser Standing nach wie vor sehr wichtig, davon profitieren wir. Kommerziell aber hat sich unser Schwerpunkt stärker in Richtung Kochbuch und Lifestyle verlagert.

Ramona Feilke: Nach wie vor geben Sie regelmäßig Ausstellungskataloge und Bücher in Kooperation mit Museen heraus – das soll auch so bleiben?

NB: Das machen wir nach wie vor. Nur hat sich da der Markt sehr stark verändert. Das hat auch damit zu tun, dass die Museen in Österreich, genau wie in Deutschland, an allen Ecken und Enden sparen müssen. Für die Verlage war die Ausgangslage früher eine ganz andere. Mit der Abnahme einer gewissen Stückzahl an Büchern durch die Museen waren sämtliche Ausgaben für die Buchproduktion finanziert und das, was man dann als Verlag zusätzlich im Buchhandel verkauft hat, war sozusagen die »Butter auf dem Brot«. Diese Zeiten sind längst vorbei. Durch die Buchabnahme eines Museums ist heute zwar immer noch ein Teil der Kosten gedeckt, aber inzwischen ist auch ein erhebliches verlegerisches Risiko mit einer Publikation verbunden. Da muss man sich ganz genau überlegen, welche Projekte man realisiert. Es wird immer wichtiger, auf die Verkaufsfähigkeit der Produkte zu achten. Hier gibt es hin und wieder stark divergierende Interessen zwischen Museen und Verlagen.

Friederike Harr: So wie Ausstellungskataloge vor 20 Jahren ausgesehen haben, können sie heute nicht mehr aussehen, damit sie verkäuflich sind.

NB: Wobei wir mittlerweile bei Museen stark auf langjährige Partnerschaften setzen und versuchen, unsere Partner ganz sanft mehr in Richtung marktfähige Bücher zu bringen – und wenn wir uns die Brandstätter-Titel ansehen, gelingt uns das.

RF: Gehen denn Ihre Habsburger-Titel, wie zum Beispiel »Elisabeth – Kaiserin von Österreich«, nach wie vor ganz gut? Die haben Sie in den Wiener Schloss-Läden ja sehr gut platziert.

NB: Ja, die funktionieren im touristischen Bereich. Da haben wir gute Standardprodukte, von denen wir jährlich Auflagen nachdrucken, aber das ist ja klar in einer Tourismusstadt wie Wien. In Deutschland kommt in diesem Bereich an Walther König kein Mensch mehr vorbei. Ich finde, dass sich Walther König in hohem Maße um das Kunstbuch verdient gemacht hat und eine der letzten attraktiven Verkaufsstellen für Kunstbücher ist.

RF: Seit wann befindet sich der Brandstätter Verlag hier in der Wickenburggasse 26?

NB: Eigentlich seit dem Gründungsjahr, also seit 1982. Die Situation war für uns damals ganz lustig. Ich bin in dieser Wohnung hier, unserer damaligen Privatwohnung, aufgewachsen, der Verlag befand sich ursprünglich zwei Stockwerke darüber. Dann, als der Verlag im Jahr 1991 vom Österreichischen Bundesverlag übernommen wurde, sind wir an den Schwarzenbergplatz gewandert. Als es uns 2005 schließlich gelang, den Verlag zurückzukaufen – damals wurde die Bundesverlagsgruppe an Klett verkauft, wodurch wir diese Möglichkeit bekamen –, sind wir wieder hierher zurückgezogen.

RF: Sie waren sicherlich glücklich, den Verlag zurückkaufen zu können.

NB: Ja, das stimmt! Es hat auch viele Vorteile, als Familienunternehmen zu agieren: Entscheidungsprozesse gehen schneller und wir können direkter auf Autoren einwirken und so auch innovativer sein.

FG: Sehen Sie entscheidende Unterschiede zwischen dem österreichischen und dem deutschen Buchmarkt?

NB: Die Unterschiede zwischen Deutschland und Österreich – ein wunderbares Thema! Wie sagt man das am besten? – Wir sind »ver-

↑ Verlagsleiter Nikolaus Brandstätter im Interview.
← Der Brandstätter Verlag ist in einem wunderschönen Altbau beheimatet.
✓ Geschäftsführer Nikolaus Brandstätter in der Bibliothek des Brandstätter Verlages in der Wickenburggasse 26.
↓ Friederike Harr verantwortet die Presse- und Öffentlichkeitsarbeit im »Verlag für die schönen Dinge des Lebens«.

freundet«. Nein, im Prinzip kann man natürlich schon sagen, dass wir uns mit unseren Themen vertrieblich bis zum »Weißwurstäquator« leichter tun. Strukturell steht in Österreich der Buchhandel noch weit besser da als in Deutschland. Hier gibt es noch viel mehr kleine, unabhängige Buchhandlungen, das zeigt sich auch im Wiener Stadtbild. Das hat auch damit zu tun, dass die Deutschen viel preissensitiver sind als die Österreicher. Es gibt in Deutschland eine gewisse Schnäppchenmentalität, die es hier in Österreich in dieser Form nicht gibt.

RF: Wie sehen Sie die Entwicklung des E-Books und kommen E-Books für Brandstätter in Frage?

NB: Obwohl scheinbar nur mehr über E-Books geredet wird, wird der Großteil des Marktvolumens nach wie vor mit physischen Büchern bestritten. Interessant ist aber, dass es bei Gesprächen mit Menschen außerhalb unserer Branche immer heißt, das Printprodukt Buch sei schon untergegangen. Doch das ist ja keinesfalls so. Für unsere Art von Büchern spielt das Thema E-Book noch keine Rolle, denn momentan ist man beim E-Book mit den grafischen Gestaltungsmöglichkeiten noch sehr eingeschränkt. Bei Thiele [der Brandstätter Verlag ist seit 2007 am Münchner Thiele Verlag beteiligt; Anm. d. Verf.] ist das anders, weil dort viel Belletristik gemacht wird. Es freut mich, dass selbst in den USA, wo in den Erdgeschossen der Buchhandlungen häufig nur noch E-Book-Ausgaben zu sehen sind, inzwischen wieder vermehrt das schöne Coffee-Table-Buch ausliegt. Für uns ist das eine erfreuliche Entwicklung hin zu dieser Art von Büchern, die eine starke haptische Komponente vorweisen.

RF: Wie sieht es bei Brandstätter sonst mit digitalen Medien aus?

NB: Was wir bereits gemacht haben, sind Apps. Das ist etwas, was wir beobachten und wo wir Bescheid wissen wollen, wie die technischen Möglichkeiten aussehen, aber wirklich Geld verdienen kann man damit im Augenblick nicht. Die Entwicklungskosten sind gigantisch. Wir haben etwa eine App zu unserem österreichischen Restaurant Guide gemacht. Gerade bei diesen Location-based-Titeln ergibt es Sinn, dass man das Ganze auch als App aufbereitet. Doch wenn man sich dann ansieht, welche Kleinstbeträge man damit pro Einheit maximal generieren kann, bei gleichzeitig hohen Entwicklungskosten, klafft da eine riesige Schere. Interessant war, dass die Bereitschaft in der Apple-Community weit höher war, für die Slow-Food-App Geld auszugeben, als in der Android-Community.

FG: Sie sagten eben, der Ursprung Ihres Verlages liegt bei den Kunstbüchern. Wann kam der Gedanke auf, das Programm zu erweitern?

↑ »Der Goldene Plachutta«, das Lebenswerk von Ewald Plachutta, besitzt einen hochwertigen, goldenen Einband und ist auf Munken-Papier gedruckt, was ihm eine schöne Haptik verleiht.

↓ Der Leporello »Zoo der imaginären Tiere«, der in Zusammenarbeit mit der Universität für angewandte Kunst in Wien entstanden ist.

NB: Das ging schrittweise. Zum einen gab es den Zeitpunkt, an dem wir erkannt haben, dass wir mit Kunstbüchern alleine den Markt nicht bespielen können. Und zum anderen hatten wir schon immer den Ansatz zu sagen: Wir sind der Verlag für die schönen Dinge des Lebens – das kann Kunst sein, aber auch gutes Essen. Kochbücher sind ja inzwischen keine reinen Rezeptsammlungen mehr, sondern transportieren ein Lebensgefühl: Egal ob Sie ein Kochbuch oder ein Kunstbuch durchblättern: Es bleibt ein sinnliches Erlebnis. Wir achten deshalb immer auf den Einsatz besonderer Papiere, ungewöhnlicher Druck- und Bindetechniken und visueller Effekte, damit das Buch auch ein haptischer Genuss ist.

RF: Aktuell haben Sie im Bereich Kochbuch etwa den »Goldenen Plachutta« im Programm – ein von außen komplett goldenes Buch mit Munken-Papier, das dadurch sehr hochwertig wirkt. Dieses Papier setzen Sie ja häufig ein bei Ihren Büchern.

FH: Beim »Goldenen Plachutta« war es spannend zu beobachten, dass ein Kochbuch auch mit wenigen Fotos funktioniert. Man sagt ja immer, die Kunden wollen viele Bilder, aber dieses Buch hat das Gegenteil bewiesen. Die Leute kaufen das Kochbuch trotzdem wie verrückt – wir drucken jetzt gerade die zweite Auflage. Der »Goldene Plachutta« hat sich in Österreich in der Vorweihnachtszeit sogar besser verkauft als die Bücher von Jamie Oliver – darauf sind wir schon sehr stolz!

NB: »Der Goldene Plachutta« war einfach perfekt im Weihnachtsgeschäft platziert. Es ist ja auch ein wirklich schönes Geschenk. Aber dieses Buch ist grundsätzlich von der ganzen Haptik, der Gestaltung mit dem Gold und von der Produktion her sehr aufwendig.

RF: Ein Buch, das im Moment ebenfalls besonders aus Ihrem Verlagsprogramm heraussticht, ist der Leporello »Zoo der imaginären Tiere«, der ja infolge eines Wettbewerbs an der Angewandten entstanden ist und gerade als eines der schönsten Bücher Österreichs 2012 ausgezeichnet wurde.

NB: Ja, das ist wirklich ein schönes Projekt. Für uns liegt der Ursprung des Ganzen in der Erkenntnis, dass wir seit einiger Zeit – das Kunstbuch betreffend – eine etwas besorgniserregende Entwicklung sehen, nämlich dass es immer mehr aus dem regulären Buchhandel verschwindet und viele Buchhandlungen überhaupt gar keine Kunstbuch-Abteilungen mehr haben. Für uns ist es jedoch eine Herzensangelegenheit, nach wie vor diese Art Bücher zu machen. Wir wollten also ein Instrument schaffen, dem Buch wieder eine Bühne zu geben, wo es nicht nur Begleitprodukt, sondern primäres Produkt ist. Daher haben wir uns diesen

↑ »Die Kunstkammer – Die Schätze der Habsburger« erschien exklusiv als Buch schon vor der Wiedereröffnung der Sammlung.

↓ Während unseres Gesprächs erhielten wir interessante Einblicke hinter die Kulissen des Brandstätter Verlages.

Wettbewerb einfallen lassen, um zu zeigen, dass wir uns mit dem Thema »Buch der Zukunft« beschäftigen – auch im Hinblick auf den Wettstreit mit den digitalen Medien, und auch, um herauszuarbeiten, wo die Vorteile des physischen Buches liegen. Es wird zukünftig sehr viel stärker um die Ausstattung gehen, und so war es im Rahmen dieses Projekts sehr spannend für uns, mit jungen, zukünftigen Grafikern zusammenzuarbeiten. Der Leporello »Zoo der imaginären Tiere« war das Siegerprojekt dieses Wettbewerbs an der Angewandten und ist dann bei uns im Verlag in limitierter Auflage erschienen.

FH: Es ging uns mit dem Wettbewerb darum, zu zeigen, was das Medium Buch alles kann. Nicht nur im Bereich E-Book, sondern auch in gedruckter Form ist noch vieles möglich.

NB: Wir glauben daran, dass die Zielgruppen, die wir ansprechen, auf diese haptischen Elemente Wert legen – und es geht uns immer auch darum, das Buch als Objekt zu präsentieren und nicht nur dessen Inhalte.

FG: Seit wann sind Ihre beiden Grafiker Herr Rendi und Frau Link schon für Brandstätter tätig?

NB: Herr Rendi begleitet den Verlag wirklich schon von Anbeginn an, Frau Link ist Newcomerin.

RF: Herr Rendi, was haben Sie bisher alles für Brandstätter gestaltet?

Alexander Rendi: Das erste Projekt war die Publikation »Österreichische Plakatkunst«, aber das ist sehr lange her. In den letzten Jahren waren es meist Kunst- und Kulturprojekte für Museen, zum Beispiel für das Leopoldmuseum. Auch die Verlagsvorschau habe ich zwischendurch einmal gestaltet und die ganze Verlagslinie: das Logo-Redesign und solche Geschichten …

RF: Wer trifft bei Ihnen die Entscheidung, wie ein zukünftiges Buch aussehen soll: Layout, Schrift, Papier?

NB: Das ist bei uns ein gemeinsamer Prozess. Unser Arbeitsumfeld hat sich professionalisiert. Wir arbeiten inzwischen ganz klar mit Zielgruppenmilieus, wobei wir schon im Verlag definieren, für welche Zielgruppe wir welchen Titel machen. Das sind in unserem Fall bildungsnahe, gehobene Zielgruppen. Wir arbeiten auch sehr stark mit Moodboards. Wir stimmen das dann gemeinsam mit der Grafik ab und schauen, in welche Richtung es gehen soll. Wir sind auch immer im Dialog mit den Herstellern.

RF: Was ist Ihr Anspruch dabei?

NB: Der Anspruch des Verlages war von Anfang an, nicht nur auf die inhaltliche Komponente zu achten, sondern auch das äußerlich schöne Buch zu transportieren.

RF: Und wie entsteht ein einheitliches Design für bestimmte Reihen, beispielsweise der Bände »Die Welt von gestern in Farbe« oder der »Nur in«-Reiseführer?

NB: Reihen sind ja oft nicht von vornherein als solche gedacht, sondern man testet mal mit einem Band vor, heute auch schon mal mit zweien oder dreien. Deshalb ist es auch nicht unbedingt leicht, schon gleich am Anfang das richtige Korsett festzulegen, das gleichzeitig auch für Einzelthemen genug Spielraum lässt.

RF: Wenn man selbst an der Gestaltung von Büchern so zentral beteiligt ist wie Sie, kann man dann eigentlich überhaupt noch Bücher lesen, die vielleicht nicht so schön gestaltet sind, Bücher, deren Inhalt interessiert, aber deren Typografie schlecht ist?

AR: Also, ich kaufe schon auch Dinge aus rein inhaltlichen Gründen, das ist mir eigentlich egal, auch andersherum: wenn ich finde, das ist einfach ein gut gestaltetes Buchobjekt oder wenn spannende Kunst oder Fotografie enthalten ist.

Christine Link: Ich bin da auch so. Ich finde es aber weniger gut, wenn man sich Dinge kauft, die nicht unbedingt einen anspruchsvollen Inhalt haben, sondern die nur toll gemacht sind und dann schön im Regal aussehen.

NB: Genau: Form follows function und umgekehrt. Das Thema hat in Wien ja Tradition.

FG: Sehen Sie in der Typografie oder generell in der Gestaltung derzeit irgendwelche Trends?

CL: Ich würde sagen, dass es im Moment wieder in Richtung Futura zurückgeht.

AR: Ja, das stimmt – die 20er, 30er und 40er Jahre, aber auch da gibt es Gleichzeitigkeiten. Das ist zwar das Schwierige, aber zur selben Zeit auch das Schöne, dass es einfach mehrere Kunst- und Kulturtopoi nebeneinander und auch sich widersprechende Dinge gibt, sogar im »kleinen« Wien. Das macht für mich den Reiz aus. Was jetzt in ist und was schon längst wieder out ist, das ist sehr vielfältig definiert und macht die Sache so spannend.

RF: Wie lässt sich Wien denn von anderen Städten abgrenzen, was die Typografie- und Grafikszene betrifft?

AR: Der Schmelz ist ein anderer. Ich glaube, man muss sich ganze Regionen wie Süddeutschland, Österreich, Schweiz auf der einen Seite und Berlin und Wien auf der anderen Seite anschauen, die sind sich jeweils recht nah.

CL: Das sehe ich genauso.

NB: Ich tue mich da aus verlegerischer Sicht ja immer ein bisschen schwer, weil die Welt einfach viel komplexer geworden ist. Es gibt nicht nur eine Strömung. Für viele Leute dürfen die Dinge heute einerseits wieder etwas kitschiger und verspielter sein, aber andererseits hat man auch ganz stark den Trend zur Reduktion.

RF und FG: Herzlichen Dank an Sie alle für das nette Gespräch!

MEIN KAFFEEHAUS TIPP

Friederike Harr:
das Phil und das Café Korb,
ein Künstlercafé
Nikolaus Brandstätter:
das Prückl
Alexander Rendi:
von den alten Cafés: das Sperl

Die tga-Gründungsmitglieder im Gespräch

—VON RAMONA FEILKE UND JUDITH LUDWIG—

Was haben anonyme Faxe aus dem Ausland zu typografischen Missständen und typografisch gestaltete 3er gemein? Wer verbirgt sich hinter der konspirativen Gruppe »Platz Wien« und wie wurde aus ihr die »Typographische Gesellschaft Austria« (tga)? Wir haben die tga-Gründungsmitglieder Karen Gröbner, Erich Monitzer und Martin Tiefenthaler befragt und Spannendes über die Geschichte der tga erfahren.

Die Typographische Gesellschaft Austria (tga) wurde 2001 in Wien gegründet und entstand aus einem Freundeskreis von Grafikern und Grafikerinnen, die darunter gelitten hatten, dass es kaum Kontakt oder Austausch zwischen den Kolleginnen und Kollegen innerhalb der Branche gab. Gleichzeitig stellten sie ein deutliches Defizit an guter Typografie fest. Im Vorfeld der tga-Gründung kam es über zwei oder drei Jahre hinweg zu regelmäßig stattfindenden, konspirativen Treffen unter dem Namen »Platz Wien«. »Wir verfassten als ›Platz Wien‹ anonym Faxe – damals ›state of the art‹ Kommunikationsmedium –, die wir aus allen Ecken der Welt an verschiedene Institutionen oder Personen schickten. Wann immer jemand von uns außer Landes war und ihr/ihm zuvor in Wien schlechte Typografie über den Weg gelaufen war, wurden Faxe an die ›Verursacher‹ verschickt. Das waren Protestschreiben gegen typografische Missstände«, so Gründungsmitglied Martin Tiefenthaler. Die Protestschreiben richteten sich etwa an Architekten, die typografisch schlechte Leitsysteme machten, gegen die Typografie auf den österreichischen Autobahnvignetten, gegen die Verwendung einer bestimmten Schrift in einer Zeitung, das Design des Österreich-Logos auf der Frankfurter Buchmesse – und sowieso gegen alles Mögliche, was irgendwie mit schlechter Typografie zu tun hatte. Das Interesse an besserer Typografie hatte also von Anfang an auch einen starken politischen Impetus. »Aber: All das war anfangs anonym«, betonen die Platz Wien-Mitglieder, »und das war das Problem!«.

Aus seiner Anonymität sollte »Platz Wien« erst dann treten, als der Vorsatz gefasst wurde, eine Typographische Gesellschaft für Österreich zu gründen, »um ein offizieller Verein zu werden und auch, um Fördergelder zu bekommen«, so Karen Gröbner. Sie setzten sich mit der Typographischen Gesellschaft München (tgm) und mit Rudolf Paulus Gorbach in Verbindung, die sie bei der Gründung der tga maßgeblich unterstützten.

Ebenfalls zu erwähnen sind an dieser Stelle auch Gerhard Pany, ebenfalls Gründungsmitglied, und Andreas Ortag, Pressesprecher und Videochronist der tga. Da Schriftgestaltung in den Augen der Gründer eines der größten Defizite Österreichs war, trat man auch der Association Typographique Internationale (ATYPI) bei, dem weltweiten Forum und der Plattform für alle, die sich in der Schriftgestaltungs- und Produktionsszene bewegen. Durch die Kontakte mit den Mitgliedern der ATYPI ermutigt, gründeten die drei dann sofort die Typographische Gesellschaft Austria. »Es war uns sehr wichtig, Stellung zu beziehen. Wir wollten besonders junge Studierende motivieren, sich mit Schrift auseinanderzusetzen. Das fiel glücklicherweise auch mit dem Beginn unserer Unterrichtstätigkeit zusammen«, so Erich Monitzer. Ehemalige Schüler der drei, die heute auch DozentInnen an der Graphischen sind, die sich im Zuge der Jahre für Schrift begeistern ließen und daraus auch erfolgreich eine Profession machten, sind beispielsweise Thomas Gabriel und Michael Hochleitner von den Typejockeys, Titus Nemeth und Stefan Willerstorfer.

> »Wir hatten großen Spaß, den Jahresprogrammen so unbrauchbare Namen zu geben wie ›Unverständnis‹, ›Unvermögen‹, ›Missachtung‹ oder ›Ignoranz‹«.

Um die tga nach außen zu tragen, mussten Logo und Programm gestaltet werden: Das tga-Logo setzt sich aus drei unterschiedlichen Schriftarten zusammen: Das »t« ist in der Thesis gesetzt, die im Gründungsjahr die aktuellste Entwicklung am Schriftensektor darstellte, das »g« in der Garamond, die für Tradition und Historie steht, und das »a« verweist auf den Schriftdesigner Herbert Bayer als den einzigen historisch nennenswerten österreichischen Beitrag zur Schriftgestaltung. Das erste offizielle Jahresprogramm 2002 / 2003 wurde noch gemeinsam mit dem Mentor tgm gestaltet; man holte Vortragende ausschließlich aus dem Ausland nach Wien. Dann aber wurde den GründerInnen klar, dass sie sich vom Münchner Programm absetzen wollten: Es sollte nur um rein typografische Themen gehen, das Programm sollte also weniger breit gefächert sein als das der tgm. Und so kam es, dass das Jahresprogramm 2002 / 2003 das einzige blieb, an dem tga und tgm gemeinsam bastelten.

Für die fünf bis sechs Vortragenden pro Jahr dachte sich die tga etwas Besonderes aus: »Jede und jeder Vortragende wählt für ihr oder sein Plakat und Einladung eine Ziffer 3, weil der Eintritt für tga-Mitglieder anfangs drei Euro gekostet hat. Inzwischen haben wir eine ganz schöne 3er-Sammlung beisammen«, erzählt Erich Monitzer. »Ja, jeder schickt uns einen Dreier, mit dem er oder sie sich besonders identifizieren kann oder der von ihm oder ihr gestaltet wurde«, ergänzt Karen Gröbner. Inzwischen kostet der Eintritt zu den Veranstaltungen für Nichtmitglieder und Nicht-Studierende acht Euro, ein typografisch doppelter 3er – logisch. »Wir hatten auch Spaß, den Jahresprogrammen werbetechnisch kontraproduktive Namen zu geben wie ›Unverständnis‹, ›Unvermögen‹, ›Missachtung‹ oder ›Ignoranz‹«, so Martin Tiefenthaler. »Unsere Vorträge sollen außerdem so billig wie möglich sein, was durch unseren großzügigen Sponsor Antalis und teilweise der Unterstützung des bm:ukk glücklicherweise möglich ist. Denn wir wollen den Aspekt des Vermarktens von Wissen so gering wie möglich halten.« »Ohne Antalis gäbe es die tga nicht«, stimmen Gröbner und Monitzer überein.

Auch Workshops bot die tga schon früh an. Da Gröbner, Monitzer und Tiefenthaler alle drei an der Graphischen in Wien unterrichten, fanden die Workshops (u. a. mit Gerard Unger, Fred Smeijers, Kurt Weidemann, Veronika Burian, Jost Hochuli, Jeremy Tankard) auch dort statt – die Vorträge mit dem mittlerweile anachronistischen Namen »Gespräche an der Graphischen« holte designaustria, Europas drittälteste Designorganisation, in der Zwischenzeit begeistert zu sich. So zog man ins zentral gelegene designforum im MuseumsQuartier im 1. Bezirk. Viele Schriftdesign-Vorträge fanden mit bekannten Namen statt, die aus der ATYPI rekrutiert wurden (u. a. Wim Crouwel, Matthew Carter, Erik Spiekermann, Gerrit Noordzij), aber auch mit noch Unbekannten, die vielversprechende Arbeiten aufwiesen. »Es waren tolle Erfahrungen und es war von Anfang an alles sehr kollegial und fand in ausgesprochen freundschaftlicher Atmosphäre statt«, so Tiefenthaler.

»Studenten treffen auf bekannte Vortragende, Jung trifft auf Alt, Alt auf Jung, das ist das Besondere.«

Einen weiteren Schwerpunkt der tga bildet ein Symposion, das alle drei Jahre auf Schloss Raabs nahe der tschechischen Grenze stattfindet. Das letzte war 2011 und hieß »unsichtbar«. Karen Gröbner erzählt begeistert: »Man hat dort ein wunderbares Ambiente und ist weitgehend abgeschottet. Da gibt es eine unglaublich reiche Kommunikation und regen Austausch. Es kommt jeder mit jedem zusammen – Studierende treffen auf arrivierte Vortragende oder der Allgemeinheit noch eher Unbekannte, Jung trifft auf Alt, Alt auf Jung, das ist das Besondere.« Erich Monitzer fährt fort: »Mittlerweile haben wir ein wirklich großes Publikum. Es gibt auf Schloss Raabs einen Rittersaal, der rund 180 Besucher fasst und den wir für das Symposion nutzen, und einen wunderbaren Burghof, in dem man bei schönem Wetter – was wir bisher immer hatten – wunderbar sitzen und sich austauschen kann.« Für das nächste Symposion, das für August 2014 geplant ist, hat sich Friedrich Forssman als Kurator angeboten. Wir dürfen also gespannt sein!

Als weiteres spannendes Projekt, bei dem die tga mithelfen darf, ist die Typopassage im Wiener MuseumsQuartier zu nennen, die der Grafikdesigner Erwin K. Bauer kuratiert und mit seinem Büro betreut; außerdem gibt es das Typoarchiv, das von der tga verwaltet wird: In der Bibliothek der Graphischen werden darin vor allem in Österreich entstandene Schriften und alles über ebendiese Schriften dokumentiert.

Neben dem Vortrags- und Workshop-Jahresprogramm, dem Symposion, der Typopassage und dem Typoarchiv nehmen »Die schönsten Bücher Österreichs, Deutschlands, der Schweiz und der Niederlande« einen prominenten Platz in der Arbeit der tga ein. Die Buchauswahl wird jährlich im Rahmen einer zweimonatigen Ausstellung in der Hauptbücherei in Wien gezeigt, in der die preisgekrönten Bücher ausgestellt werden. »Es scheint mir die einzige Ausstellung zu sein, wo mehr als eine Nation ihre »Schönsten Bücher« ausstellt. Das läuft nun schon zehn Jahre«, erklärt Tiefenthaler. »Dazu werden innerhalb dieser zwei Monate aus jedem Land die PreisträgerInnen eingeladen und sogenannte ›Buchgespräche‹ abgehalten. Bei dieser Gelegenheit werden die Bücher aus den Vitrinen befreit und jeder Besucher hat dadurch die Möglichkeit, in den Büchern zu blättern.« Die letzten Jahre gelang es Monitzer, der inzwischen die Organisation übernommen hat, beispielsweise Piet Gerards, Irma Boom aus den Niederlanden, Maike Hamacher, Madeleine Stahel und Valentin Hindermann aus der Schweiz, Walter Pamminger, Gabriele Lenz aus Österreich (ausgezeichnet mit der Goldmedaille für das schönste Buch aus aller Welt in Leipzig) und Gaston Isoz aus Deutschland für einen Vortrag über Gestaltung und Bücher zu gewinnen. Für die Jurybesetzung des Wettbewerbs »Die Schönsten Bücher Österreichs« regte die tga außerdem an, eine/n Designer/in aufzunehmen sowie auch international zu werden – was gelungen ist. »Das ist ganz wichtig und auch ein kleiner Beitrag, den die tga geleistet hat, um im Umgang mit der Kultur des Buches ein bisschen auf- und umzurühren«, so Monitzer.

»Es tut sich im Moment sehr viel ...«

In der Gesamtheit ist die Wiener Typografie-Szene durch das Engagement der tga nun mehr vernetzt und sehr kollegial. Das macht die Typografie-Szene in Wien zu etwas wirklich Besonderem, wie wir bei unserer Recherche und in vielen wunderbaren Gesprächen vor Ort erfahren konnten. Es ist keine Selbstverständlichkeit, dass eine Verzahnung von Personen und Wissen in einem solchen Ausmaß stattfindet. Nach wie vor unterhält die tga enge Verbindungen zur tgm sowie zu ihrem Dachverband designaustria und befindet sich noch immer in Aufbruchstimmung: »Es tut sich im Moment sehr viel«, freut sich Karen Gröbner.

Wir danken Karen Gröbner, Erich Monitzer und Martin Tiefenthaler für die sehr interessanten und anregenden Gespräche! ———

MARTIN TIEFENTHALER
WWW.IDIIDIIIDESIGN.AT
»Typografie ist Schönheit für das Gehirn.«

Lieblingsbuchstabe: T
Lieblingsschriften: alle gut gemachten
zeitgenössischen Schriften,
besonders die aus Österreich
Lieblingscafé: Das Phil in der
Gumpendorfer Straße 10–12

KAREN GRÖBNER
WWW.FINELINE.CO.AT

Lieblingsbuchstabe: K
Lieblingsschriften: Regular von Nik Thönen
Lieblingscafé: Das Café Sperl
in der Gumpendorfer Straße 11

ERICH MONITZER
WWW.FINELINE.CO.AT
»Typografie ist eine Investition in die Zukunft
der Gesellschaft.«

Lieblingsbuchstabe: g
Lieblingsschriften: die der jungen
Holländer
Lieblingscafé: Das Café Prückel
am Stubenring 24

Weitere Informationen unter:
www.graphische.net/abteilungen/grafik
www.typographischegesellschaft.at

3

Alle Vortragenden der tga bekommen Einladungskarten und ein
Plakat. Das Key-Visual dieser Plakate und Einladungskarten ist eine
»3«, da der Eintritt der tga-Vorträge anfangs 3,- Euro gekostet hat.
Mittlerweile sind die Vorträge für Mitglieder frei, für Nichtmitglieder
kosten sie 8,- Euro. Für Menschen in Ausbildung gilt jedoch der halbe
Preis – der typografisch halbe Preis einer »8«, also natürlich nach wie
vor 3,- Euro. Die Idee stammt von Conrad Tambour, ehemaliger
Student an der Graphischen und heute erfolgreicher Trickfilmer.

— VON ANNE DREESBACH UND JUDITH LUDWIG —

Der Mann mit der Maske
Oder: Wie Paul Busk extra für uns eine Aktion gemacht hat

Wir finden uns im Café »Zur schönen blauen Donau« (Name von der Redaktion geändert) ein, um den Streetartist Paul Busk zu Interview samt Fototermin zu treffen. Wie es bei einer mysteriösen Zusammenkunft dieser Art der Fall sein sollte, ist bereits ein Tisch für uns reserviert: Wir waren das aber nicht ... Es ist kurz vor vier Uhr. Busk muss gleich kommen. Wie werden wir ihn erkennen? Keiner weiß, wie er aussieht, im Internet gibt es nur Fotos von ihm mit seiner Maske. Er wird vielleicht seine Maske aufhaben, um auch beim Interview unerkannt zu bleiben. Aber hier mitten im Kaffeehaus? Sicher sieht er zumindest irgendwie verwegen aus. Wie ein »Streetartist« eben. So ein Typ, der Freude am Kontra hat, einfach um des Kontras willen. Oder wie muss man sich jemanden vorstellen, der einerseits die Hausschrift der Wiener Symphoniker entworfen hat und andererseits maskiert Straßenschilder mit seinem Namen in Wien anbringt?

Schon nach wenigen Minuten im Gespräch mit ihm wird eines klar: Stereotypen jeder Art dürfen getrost über Bord geworfen werden, denn in Paul Busk lernen wir einen (unmaskierten) höflichen und aufgeschlossenen Menschen kennen, der viel zu sagen hat und die Typografiewelt nicht einfach nur auf den Kopf stellt. Stattdessen geht er dabei äußerst reflektiert vor und kann das Ganze sogar anschaulich erklären. Und als er uns dann auch noch vorschlägt, dass er eigens für uns eine Aktion im Anschluss an unser Gespräch starten wird, sind wir natürlich restlos begeistert.

Paul Busk (englisch für Straßenkünstler) gehört zu den bekanntesten Aktivisten der Wiener Street Art Szene. Er ist der Initiator des Citymodification-Projekts (CMOD), das die Stadt mithilfe von Graffiti, aber auch von Typografie, mit und auf den unterschiedlichsten Materialien verändern und gestalten will. Graffiti und Typografie haben schließlich einiges gemeinsam, so etwa die Anonymität, in der beide Gattungen entstehen. Während zum Street Art-Künstler allerdings die Selbstinszenierung unabdingbar dazu gehört, arbeiten Typografen lieber im Hintergrund. Busk entwickelt nicht nur eigene Schriften, sondern zeichnet auch neue Schnitte von bestehenden Schriftsätzen für Kunden wie für die Kunsthalle Krems, Porsche oder die Wiener Symphoniker. Seit 2001 ist sein Logo ein Affe, der sich in ganz Wien findet. Zu seinen bekanntesten Aktionen gehören die Benennung einer bis dato namenlosen Gasse in Wien in »Busk-Cmod-Gasse« sowie sein von einer Straßenkünstlerin am Stephansdom gezeichnetes Porträt mit Maske; eine Aktion, die Banksy dann kurze Zeit später in New York wiederholt hat. Auf seiner Website www.cmod.at findet sich ein Überblick über Busks Werke (ganz auf busk'sche Art, nichts Eigenes, sondern nur Verknüpfungen mit anderen Webseiten dieser Welt) und ein ganz kleines bisschen was, und das sehr bescheiden, über ihn selbst: »Paul Busk is a Vienna-based communication designer. In 2001 he launched CMOD (Citymodification) with Michael Kuhn. Its field of activity includes print, graphics, logo design, type design, illustration, interior and exterior design. At times he participates in exhibitions and shows.«

↑ Busk bleibt unerkannt – das gehört zum Urban Art Konzept.

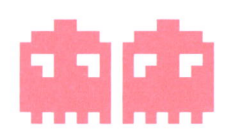

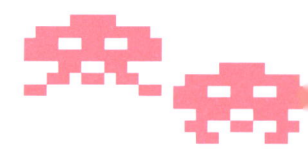

Judith Ludwig: Du bist Grafiker und Urban Art Künstler. Ist Paul Busk Dein richtiger Name?
Paul Busk: Es ist mein Künstlername, aber nicht der, mit dem ich eingetragen bin. Ich bleibe gerne anonym, das gehört zum Mythos der Stadt und zum Mythos als Straßenkünstler.

JL: Du beschäftigst Dich sehr stark mit der Verbindung von Raum und Typografie. Wie kam es dazu?
PB: Zur Typografie kam ich durch die Beschäftigung mit Graffiti, die Street Art kam dann erst später, das sind zwei verschiedene Bereiche, was den urbanen Raum und den autonomen Zugang dazu angeht. Die Auseinandersetzung mit Buchstaben war schon früh da. Graffiti wurde mir aber bald – nicht langweilig – aber zu wenig. Statt sich also auf »meine« vier Graffiti-Buchstaben B, U, S und K zu fokussieren und die ins Endlose zu verfolgen, habe ich das erweitert. Dieses B–U–S–K verfolgt mich auch schon seit 15 Jahren, das ist das Hauptprojekt im Graffiti-Bereich, aber es gibt eben noch andere Namensprojekte, die dazugekommen sind. Typografie ist für mich genau das Richtige: die Anatomie der Buchstaben, die Zeichenvielfalt!

Anne Dreesbach: Wie wählst Du die Orte für Deine Projekte aus? Was ist Dir dabei wichtig?
PB: Es gibt serielle Arbeiten in der Stadt von mir, da kann ich mit dem Skizzenbuch planen, zum Beispiel diese typischen Paste-Up-Plakate, von denen ich früher viele mit Freunden angebracht habe. Aber sonst läuft das spontan: Man weiß, wenn man in der Stadt unterwegs ist, nicht, wo man landet: Man kommt von A nach B und der Weg ist dann das Spannende. Die letzten Jahre leitete mich die Frage nach dem Detail. Ich finde die Orte beim Radfahren durch die Stadt – wahre Fundstücke –, wie zum Beispiel diese Gasse von gerade mal acht oder neun Metern Länge, die tatsächlich keinen Namen hatte [die auf den Fund hin zwischenzeitlich mit »2., Busk-Cmod-Gasse« benannt war, Anm. d. Verf.]. Von der Stadtmatrix her betrachtet, ist das außergewöhnlich: Alles hat einen Namen und ist verzeichnet, aber dieses Stück Stadt eben nicht.

JL: Der Ort läuft Dir also über den Weg?
PB: Ja! Wie bei dem Projekt »Grelle Forelle«, ein Club, für den ich einen Headline-Font und einen Raum im Club gestaltet habe. Dafür musste ich meine Schrift erst in Form von Graffiti testen, damit ich das nicht nur am Bildschirm sehe. Das ist auch etwas Körperhaftes, denn wie ich mich beim Sprayen bewege, ist etwas Anderes als das Herumfahren mit der Maus am Bildschirm: Sich zu strecken, zu bücken, das ist für mich wichtig. Es hat fast etwas von Ausdruckstanz, es ist eine Performance. Das sind immer ähnliche Abläufe, die der Körper macht, das Strecken und Bücken, das Näher-an-der-Wand-Stehen und das Sich-wieder-davon-Entfernen, zurückgehen. Diese Auseinandersetzung habe ich nicht mit einem Stück Leinwand oder einem Blatt Papier. Diesen Zoombereich, den die digitalen Medien haben, mit dem du 5 000 % in das Bild reinzoomen kannst, das kann ich analog eben auch in der Stadt. Den Buchstaben als Körper zu betrachten, ihm Leben einzuhauchen, das ist das Spannende. Das ist wie bei einem Menschen: Auch der Buchstabe muss in seinen Proportionen verstanden werden, das gibt es kaum an den Grafik-Schulen, das kommt mir dort zu kurz. Es werden heute so viele Schriften gestaltet wie noch nie. Das boomt, sicherlich auch technisch bedingt, aber ich meine, es ist auch schön, historisch betrachtet, wenn man weiß, man hat Schriften, die Jahrhunderte zurückgehen und die unser heutiges Leseverhalten bestimmen … Diese Gitterstruktur des Fonts zur »Grellen Forelle« baut auf die Gitterstruktur in deren Logo auf, das es schon gab. Die Schrift findet man nun überall im Club. Dazu habe ich eben diesen Testlauf als Graffiti in der Stadt gebraucht und das Abrisshaus, das ich dafür genommen habe, war ein richtiges Fundstück, denn die Umgebung für so einen Testlauf ist dann doch das Ausschlaggebende. Die Dachstruktur des Hauses, dieses Gitterartige, das dann eine Einheit von Raum und Schrift schafft, das kann ich mit einer Leinwand nicht erzwingen. Diese Gitterstruktur, die Wände dazu, der Dachstuhl, es hat allesamt etwas Loses. Normalerweise hat man feste Bauwerke vor sich, geziegelt, mit dichtem Dach, so kennt man auch Schrift: 100 % Farbauftrag, schwarz. Aber hier ist das anders. Das Gebäude hier wird ein paar Wochen später schon wieder anders aussehen.

JL: Steht das Gebäude heute überhaupt noch?
PB: Ich denke, das zerlegt sich über die Jahre selbst, da wird die Witterung ein Stück dran gearbeitet haben, vielleicht ist es auch komplett eingestürzt, vielleicht steht dort jetzt ein Wohnhaus … Ich schaue da nicht mehr hin, das gehört zur Veränderung der Stadt.

AD: Wie groß ist Dein Umkreis in der Stadt?
PB: Mein Aktionsradius? Wien hat einen speziellen Stadtaufbau, da sind sehr viele Radialstraßen, die ins Zentrum führen, und an denen bewege ich mich gerne, und kann dann natürlich wieder an die Peripherie zurück, wo die Industrieorte sind. Aber das Ganze ist auch sehr unspezifisch, wie ich mich da durchbewege. Wien ist auch überschaubar, da kann ich alles zu Fuß oder mit dem Fahrrad machen und auch gezielt suchen, wenn ich eine große Industrieanlage finde, manchmal auch kenne, die leer steht.

JL: Du hast auch große Aufträge als Schriftentwickler, etwa von den Wiener Symphonikern …
PB: Ja, das sind Projekte mit Agenturen, kleinen Büros oder Studios, mit denen ich zusammenarbeite. Bei den

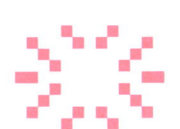

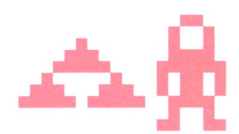

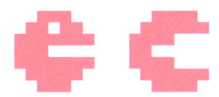

Wiener Symphonikern waren Wortwerk im Pitch, und dann ist der Zuschlag gekommen: In dem Paket war auch die Schriftentwicklung mit drin.

JL: Sprechen Dich die Agenturen an, um Dich mit ins Team zu holen?

PB: Ja, genau. Die »Grelle Forelle« zum Beispiel wollte mit mir als Künstler zusammenarbeiten und ich hatte da richtig freie Hand. Ich sollte meine Handschrift in dem Club hinterlassen, was durch meinen entwickelten Free Font und den Raum geschehen ist.

JL: Wie entwickelst Du eigene Schriften?

PB: Wenn es ein Auftrag von außen ist, reden immer viele mit. Die Frage ist, worauf man sich einigt in der Kommunikation, wie wer was zu entscheiden hat. Die »SYMPHONICS Regular« von den Wiener Symphonikern ist seit zwei Jahren in Web und Print in Verwendung und ich habe jetzt gerade ein Font-Service gemacht: einige Zeichen überarbeitet, Ligaturen verfeinert, in Übereinstimmung gebracht. Solche Aufträge und Prozesse sind nie abgeschlossen. Bei den Wiener Symphonikern etwa war vor allem der Punkt wichtig, dass die Musiker aus aller Welt kommen, da muss man im Vorfeld schauen, dass gewisse Sprachen in der Schrift abgedeckt sind.

JL: Wie sieht bei solchen Projekten das Briefing aus, heißt es: Wir wollen eine Leseschrift und dann geht es los oder haben die Auftraggeber schon eine gewisse Vorstellung?

PB: Das ist vom Briefing abhängig. Bei den Wiener Symphonikern waren im Pitch schon Probeentwürfe dabei, wie es aussehen könnte, ganz grobe Entwürfe, auf ein paar Zeichen reduziert.

Wie kann man den städtischen Raum verändern?

»Da sind alle gefragt!«

JL: Zu Deinem Konzept: Kannst Du »CMOD«, das für »Citymodification« steht, kurz erläutern? Wie kann man den städtischen Raum verändern?

PB: Da sind alle gefragt! Das Verhalten des Einzelnen auf der Straße, ob das Obdachlose sind oder Leute, die Immobilien besitzen, jeder trägt zur Veränderung des Stadtbildes bei.

JL: Uns ist aufgefallen, dass in Wien zwar schon auch viel Altes verschwunden ist, aber dass es zum Beispiel doch noch mehr alte Schilder gibt als in anderen Städten, wie etwa in München. Da herrscht momentan eine gewisse Wut, alles auszutauschen. Das lässt einen natürlich überlegen, wie die Identifikation mit der Stadt aussieht und wie sie auch über die Typografie läuft.

PB: Diese Identifikation mit der Stadt ist, glaube ich, sehr stark in Wien! Es gibt einige Publikationen, die das anspielen, da geht es auch gar nicht unbedingt nur um Schilder oder speziell Schrift und Typografie. Ich habe vor Kurzem eine Publikation zu den Stadtbahnbögen in der Hand gehalten, wo mir jeder Bogen fotografisch/dokumentarisch vorkam (Stefan Oláh/Andreas Lehne: Stadtbahnbogen, Metroverlag). Da ist Typografie permanent vorhanden, jeder Torbogen ist anders gestaltet. Vieles ist mit Street Art voll, alte Graffiti-Tags und Beschriftungen gibt es dort. Es ist schon Wien-spezifisch.

JL: Gibt es für Dich diesbezüglich einen Lieblingsplatz in der Stadt, den man aus typografischer oder künstlerischer Sicht gesehen haben muss?

PB: Das ist sehr schwierig. Subjektiv betrachtet sind es die Flohmärkte, die aber nicht Wien-spezifisch sind, aber da findet man Einiges, und eben für mich die Abrisshäuser, an denen auch wieder alte Beschriftungen oder Emailleschilder zu finden sind: »Rauchen verboten«, »Lichtbogen«, »1. Stock«, da halte ich die Augen offen. Das ist mein Zugang zur Typografie und zur Stadt, das Alte, das sich mir dann erschließt. Wenn ich da selbst etwas abmontiere und mein Eigen nenne, hab ich ein klitzekleines schlechtes Gewissen. Die Frage nach dem Eigentum ist ein großer Punkt bei Street Art und Graffiti und deshalb ein Thema für mich: Ich besitze die hinterlassene Malerei/Arbeit nicht. Ich bin vielleicht der Autor, der Urheber, aber der Zugang und der Besitz von dem Trägermaterial sind ganz klar geregelt: Der Hauseigentümer, das Garagentor, das Bahngelände und so weiter, all diese Dinge definieren den Besitz, den Besitzer oder die Besitzerin.

JL: Du bewegst Dich also mit Street Art und Graffiti in rechtlichen Grauzonen?

PB: Sicher, wobei immer Idee und Konzept bei meinen Interventionen ausschlaggebend sind. Es gibt ganz andere Möglichkeiten, sich in der Illegalität zu bewegen und mehr Strafverfolgung nach sich zu ziehen, als meine Arbeiten das tun. Bei mir stehen auch oft Kulturvereine, Galerien oder Ausstellungen dahinter. Aber ja, das eine oder andere Projekt wäre im Ernstfall ein Streitfall.

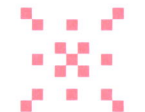

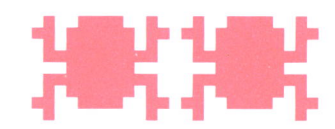

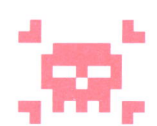

AD: Dann hast du schon heikle Situationen erlebt?
PB: Ja ... (überlegt) ... früher hab ich mich mehr getraut ... bin mehr an meine Grenzen gegangen.
JL: Man wird also vorsichtiger? Oder ändert sich auch die Einstellung?
PB: Man ändert den Blick. Früher bin ich schon mal beim Plakatieren von der Polizei aufgehalten worden, das ist dann auch mal ernster gewesen. Oder es kam vor, dass ein Passant versucht hat, mich aufzuhalten und mich gebeten hat, das wieder abzumontieren, was ich da angebracht habe ... eine kleine Situation kann dann ganz schnell unangenehm enden – ohne dass groß der Verwaltungsapparat hinter dir steht; oft ist es der grantige Passant ...
JL: Dir geht es stark um den Prozess des Schreibens und den eigenen Körper während des Schreibens: Hast Du oft Fotografen dabei, um das festzuhalten?
PB: Ja, um die Dokumentation geht es auch. Mit Markus Oberndorfer arbeite ich öfters zusammen: Er ist Fotograf und zeigt mir neue Blicke auf meine Arbeiten.

»... eine kleine Micky Mouse in der großen kreativen Welt.«

JL: Bevorzugst Du bestimmte Materialien, mit denen Du arbeitest?
PB: Die stärksten Arbeiten für mich sind Fundstücke in / aus der Stadt und dann überlege ich peinlich genau, wie ich da vorgehen kann. Das kann materialunabhängig sein, ein Aluminiumschild etwa, das ich nachbaue, oder auch Kreide am Boden, aber auch ein Bewegungsmelder darf es sein. 2009 etwa waren Freunde und ich Mitaussteller im Design-Forum zur Ausstellung »Krieg der Zeichen«, zum Spurenlesen im urbanen Raum. Das war sehr angenehm, weil wir uns keine Gedanken um die Finanzierung machen mussten. Ich bin ja sonst ein kleiner Künstler ... eine kleine Micky Mouse in der großen kreativen Welt. Aber hier hieß es von Anfang an: Keine Gedanken über das Budget machen, eine Idee liefern, ein Konzept! Wir haben eine Installation mit einer fünf mal fünf Meter großen Pixelmatrix, die durch 25 Stroboskop-Lichter angesteuert wurde, gemacht; es wurden unsere Namen BUSK ANKER EMILONE in den Ausstellungsraum geblitzt. Es hatte etwas Momenthaftes, etwas, das eine Raumstörung provoziert. Es war dabei egal, ob da der Buchstabe B oder E steht, die kurze Irritation war es, die uns interessierte, und die damit verbundene Raumwahrnehmung. Aber ansonsten sind gefundene Materialien, die in einem Bezug zur Stadt stehen, sehr willkommen.
JL: Wie lange gab es »Deine« Gasse, die »2., Busk-Cmod-Gasse«? Hängt das Straßenschild noch?
PB: Das Schild ist nach drei oder vier Monaten abgehängt worden. Aus diesem Grund war es sehr gut, einen Fotografen, Markus Oberndorfer, dabei zu haben, der das dokumentierte. Ob das ein Sammler oder eine Sammlerin war, die das Schild abgehängt hat, oder die Stadtverwaltung, das weiß ich nicht.
JL: Das passt ja im Grunde auch in Dein Konzept, damit rechnest Du ja auch, oder?
PB: Wichtig ist mir schon, dass ich mein Idiom setze und sich das nicht verliert. Aber es gemacht zu haben, ist schon das Spannendste, darum ging es. Ich würde es auch sehr frech finden, wenn das jemand für sich allein besitzen will und abmontiert, das ist eine Entgleisung – es ist kein Diebstahl, aber es ist ein Verschiebebahnhof gewissermaßen. Die Arbeit ist nicht gedacht, im Privaten zu hängen, und das ist auch nicht in meinem Interesse. Wenn es allerdings eine Zensurmaßnahme von der Stadt oder vom Eigentümer ist, dann finde ich das in Ordnung. Die Stadt verändert sich eben ... Ob da jetzt mein Schild drei Monate hängt oder drei Jahre, das ist egal. Die Besitzfrage oder das in Besitz nehmen ist aber weiterhin eine heikle Sache: Das Pflücken von Streetart, da habe ich ein großes Problem mit. Etwas anderes ist es, wenn die Witterung, der Regen etc. seinen Teil dazu tun.
AD: Siehst Du es kritisch, wie sich die Städte verändern oder beobachtest Du das einfach nur? Stört es dich, dass plötzlich überall Deichmann steht, von Palermo bis Helsinki?
PB: Die Frage ist, in welcher Geschwindigkeit das passiert, was einem da noch angenehm ist oder wie man sich da wohl fühlt ...
JL: Hast Du auch den Wunsch, politisch etwas zu verändern?
PB: Ich kann nicht von jedem verlangen, dass er mitgestalten soll; es gibt eben viele Konsumenten und viele Produzenten. Aber die Meinungsbildung – also das zu beobachten, Fragen zu stellen und dann etwas aus nichtmaterieller Sicht für sich mitzunehmen – ist, glaube ich, sehr wichtig. Für mich ist das schon hochpolitisch, was Graffiti und Urban Art leisten: So eine

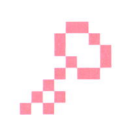

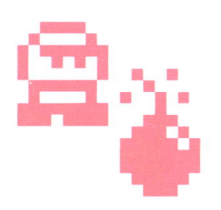

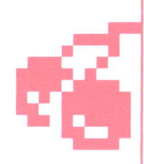

Entscheidungsfähigkeit mitzubringen, wie der Raum definiert sein soll, eine eigene Position zu schaffen und bei den Spielregeln, wie der Raum in dem Moment definiert ist, zu intervenieren. Ich stelle auch fest, dass in Wien in den letzten 15 Jahren der Umgang mit dem öffentlichen Raum ein ganz anderer geworden ist. Die Leute gehen mehr ins Freie, raus aus den geschlossenen Räumen. Wir haben auch so viele Badezugänge, die alte Donau, die neue Donau und ganz wichtig der Donau-Kanal. Die Leute zieht es nicht nur in die Freibäder, jede natürliche Bucht, jedes kleine Fleckerl wird besucht von den Leuten, die sich da ihre Freiheit suchen. Der Umgang mit dem öffentlichen Raum ist also nicht nur ein Zutun von Graffiti.

JL: **Aber mit Schrift gestaltet fast niemand im öffentlichen Raum – außer vielleicht noch Ladenbesitzer mit ihren Schildern ...**

PB: Aber was will man auch gestalten mit Schrift außer in großen Lettern »McDonald's« zu schreiben? Ist es der eigene Schriftkörper, in den man so verliebt ist, den man gestalten möchte?

JL: **Eben, da werden die Möglichkeiten geringer. Es können nicht einfach alle Mieter einen Schriftzug an ihre Hauswand setzen.**

PB: Aber wer will schon etwas schreiben? Ich kenne viele Leute, die nicht wissen, was sie schreiben sollen, selbst wenn es die Möglichkeit gibt. Ich denke, das ist immer einer gewissen Elite vorbehalten, oder eben den Graffiti-SprayerInnen, Punks, Anarchisten, an denen es liegt, etwas im öffentlichen Raum zu machen, was jemand anderes vielleicht verbietet. Da muss man einen politischen Zugang suchen ... Ich bewundere das in London – die U-Bahnen und S-Bahnen –, dass dort noch Graffiti stattfindet, wo überall alles überwacht wird. Dass es junge Menschen da schaffen, sich einen Weg hinein zu bahnen, ihre Schrift zu hinterlassen ...

AD: **Du gibst auch Graffiti-Workshops für Kinder?**

PB: Ja, das mach ich gern! Ein paar mal im Jahr finden die statt und sind für mich wie Freizeit. Da verdient man nichts, aber es ist schön, sehr lustig und ehrlich, mit Kindern zu malen und zu arbeiten, wenn sie sich dann etwas Eigenes überlegen dürfen: »Was soll ich schreiben? Mhm, schwierig.« Und dann plötzlich haben sie das Wort oder eine Figur und das dann mit ihnen zu gestalten, das ist schön. Ihre Auseinandersetzung mit Farben, Proportion, ihre Unvoreingenommenheit, diese ganz eigenen Motivationsgründe, warum sie teilnehmen, das gefällt mir. Spannend ist es vor allem dann, wenn ich nicht hier im Museumsviertel bin, sondern etwa in einem Jugendzentrum in einem migrationsstarken Stadtteil, im Stuwerviertel zum Beispiel, wo die Kinder etwas ganz anderes zu sagen haben.

JL: **Wann weißt Du, was Du schreiben willst?**

PB: Ich schreibe immer meinen Namen: BUSK – aber es ist trotzdem eine Raumfrage, die ich stelle: Wie gehe ich mit dem Raum um? Aber ich habe keine Message, ich möchte nicht, dass man aus meiner Buchstabenkombination jetzt einen Vorschlag oder irgendeine Meinung herauszulesen hat. Es ist die Reaktion auf mein Kunstwerk als solche, die mein Statement bildet. Die Aneinanderreihung der Buchstaben ist in meinem Fall also eher sekundär.

> »Ich habe festgestellt, dass die Leute Schrift nicht gerne anschauen.«

JL: **Was hat es mit Deinem Affenkopf-Logo auf sich?**

PB: Ich habe festgestellt, dass die Leute Schrift nicht gerne anschauen oder nicht genau wissen, was sie soll. Sie erwarten von ihr immer eine Mitteilung, die damit verbunden ist. Und wenn ich das anders verpacke, mit so einem großen Gesicht, mit großen Augen und großen Ohren und einem besonderen Ausdruck, schauen plötzlich alle. Das »BUSK« steht im Mund des Affen eingeschrieben; der Mund ist eine Schlüsselstelle: Wo man sonst in die Augen schaut, schaut man plötzlich auf den Mund, der etwas sagt (BUSK), und die Zähne. Es ist ja heutzutage immer wichtig, ein schönes Lächeln zu haben, wenn man nur an die ganzen Hochglanzmagazine denkt, und plötzlich ist da so etwas Lückenhaftes in diesem Mund, das B hat Löcher und das K bricht weg. Die Fläche gefällt mir, um dort Text zu positionieren und dadurch in der Stadt auch ein ganz anderes Publikum zu bekommen.

JL: **Bekommst Du viele direkte Reaktionen von den Passanten?**

PB: Ich denke, es ist wichtig, sich eine Zeit und eine Art der Inszenierung zu suchen, die ganz unauffällig funktioniert. Bei meinem Straßenschild, der Busk-Cmod-Gasse, waren wir zum Beispiel verkleidet wie normale Straßenarbeiter, die eben um sieben Uhr in der Frühe an der Fassade arbeiten. Das gehört dann zum Bild der Stadt, das ist das Konzept; anstatt in der Nacht um drei

■ Paul Busk in seiner typischen Masken-Aktion: Schaukästen im MuseumsQuartier werden zur Graffiti-Fläche für den eigenen Tag.

MEIN KAFFEEHAUS TIPP

Die Kantine am Justizpalast am Schmerlingplatz 10, 1010 Wien.

Uhr maskiert im Dunkeln zu agieren, schleichend, denn da hat man keine Reaktion. Im Prinzip habe ich dadurch höchstens alltägliche, normale Reaktionen der Menschen, weil ich in dem Moment zum Stadtbild gehöre.

JL: Das ist ein sehr politischer Zugang, wie ich finde. Der Vergleich zu Banksy war bei mir auch nicht weit. Er hat sogar schon eine Aktion von Dir nachgemacht. Hast du ihn einmal kennengelernt?

PB: Nein, ich kenne ihn nicht persönlich, aber unsere Wege haben sich immer mal wieder durch bestimmte Projekte gekreuzt. Die Aktion hat er im Rahmen des BLK River Festivals, einer Ausstellungsreihe, nachgemacht. Dort waren auch Leute, die aus seinem Umfeld eingeladen waren, und alle Beteiligten gehen davon aus, dass er von meiner Aktion vorher wusste. Es gab dazu auch eine Diskussion in seinem Blog, er hat aber nie Stellung dazu bezogen. Das ist für ihn eine kleine, unbedeutende Arbeit und trägt nicht seine Handschrift, aber ist, wie er, auch politisch. Es geht wieder um die Frage: Wie kann ich den öffentlichen Raum bespielen und trotzdem dabei in der Anonymität agieren? Die Lösung war also, eine Straßenkünstlerin einzubinden, die da sitzt und mich mit Maske für Geld porträtiert, was sie sonst mit den Touristen macht. Das ist also eine Möglichkeit, mich eine Zeitlang zu präsentieren und meinen Namen »auf den Platz zu schreiben«, den Stephansplatz in dem Fall. Banksy war damit an der Wall Street, denn das sind Bereiche, in die man nicht mit einem Graffiti-Tag kommen kann, da muss man überlegen, was man machen kann, um seine Schriftzeichen dort zu visualisieren, ohne hops genommen zu werden. Bei Banksy war es ein bisschen anders, er hatte seine Sturmmaske auf, ich habe aber meinen Namen auf der Maske getragen. Die Leute konnten aber in beiden Fällen stehenbleiben und schauen. Es war interessant, zu beobachten, dass es niemanden gibt, der etwas dazu sagt in der halben Stunde, es waren teilweise Menschentrauben da, es gab ein Tuscheln untereinander, aber niemand kam direkt auf mich zu … man hat also seine kleine Bühne, seinen eigenen Showbereich. In dem Fall hat also auch die Straßenkünstlerin meine Aktion dokumentiert.

AD: Ist ein Treffen mit Banksy irgendwann geplant?

PB: Mir ist es egal. Ich finde die Geschichte lustig, nicht mehr und nicht weniger. Ich halte mich da auch zurück, was das Vernetzen angeht, früher bin ich noch mehr durch Europa gereist und habe Telefonnummern gesammelt. Aber jetzt zeigt jeder im Internet so stark und permanent Präsenz und jeder kann jeden anschreiben … Wenn ich Banksy mal kennenlernen sollte, dann hat das sicher einen netten Charakter, da hat man sicher auch einiges zu sprechen, aber forcieren muss ich das nicht. Auf meiner Homepage habe ich, passend zu dem Thema, deshalb alles verlinkt: zu Flickr, Tumbler und so weiter. Damit sich meine Projekte auch im Internet im Raum verteilen wie in einer großen Matrix, oder wie eben auch in der Stadt, und das gleichzeitig das Konzept von Street Art verdeutlicht. Ich will nicht, dass sich meine Projekte alle auf einer Seite bündeln, deshalb findet man bei mir nur Links. Da ist nur die Gefahr einer großen Absprungrate, habe ich mir sagen lassen, wenn man sich meine Statistiken anschaut, ist das auch so (lacht). Das ist für mich aber kein Problem, weil so auch die Stadt funktioniert, das ist eben die Vergänglichkeit der Dinge, von denen aber wiederum ab und zu irgendwo etwas hängenbleibt.

AD: Und jetzt zum Schluss noch eine banale Frage: Was ist Dein Lieblingscafé?

PB: Interessant … ich überlege gerade, wo ich in Zukunft auch weiterhin meinen Kaffee trinken möchte …

JL: Ja, das allerliebste solltest Du vielleicht nicht verraten …

PB: Schwierig … oh ja, ich weiß es: Die Kantine oben am Justizpalast, die kann ich Euch empfehlen, das ist ein Dachausbau, man sitzt direkt über dem Parlament und hat den Blick über die Hofburg.

JL: Vielen Dank für den Tipp, Deine Zeit und das spannende Gespräch! Wir freuen uns, dass wir Dich mit im Heft haben!

PB: Bitte, ich freue mich auch sehr! ——

(Paul verteilt zu unserer Freude noch großzügig Affenaufkleber, Fahrradaufkleber mit den Weltmeisterstreifen – weil sich jedes Rad die verdient hat –, Free Cards mit seinen Arbeiten und dem Stadtplan von Wien. Auf dass wir München ein bisschen BUSK- und Wien-Feeling einhauchen. Das machen wir gerne …)

Dan
Flavin
Lights

LEOPOLD

Ottakringer
TODAY
WIENER
SCHNITZEL
mit
Erdäpfel-Vogerl
Salat 9,50

wienXtra
kinderinfo
wienXtra

Typotopografie 5 Wien

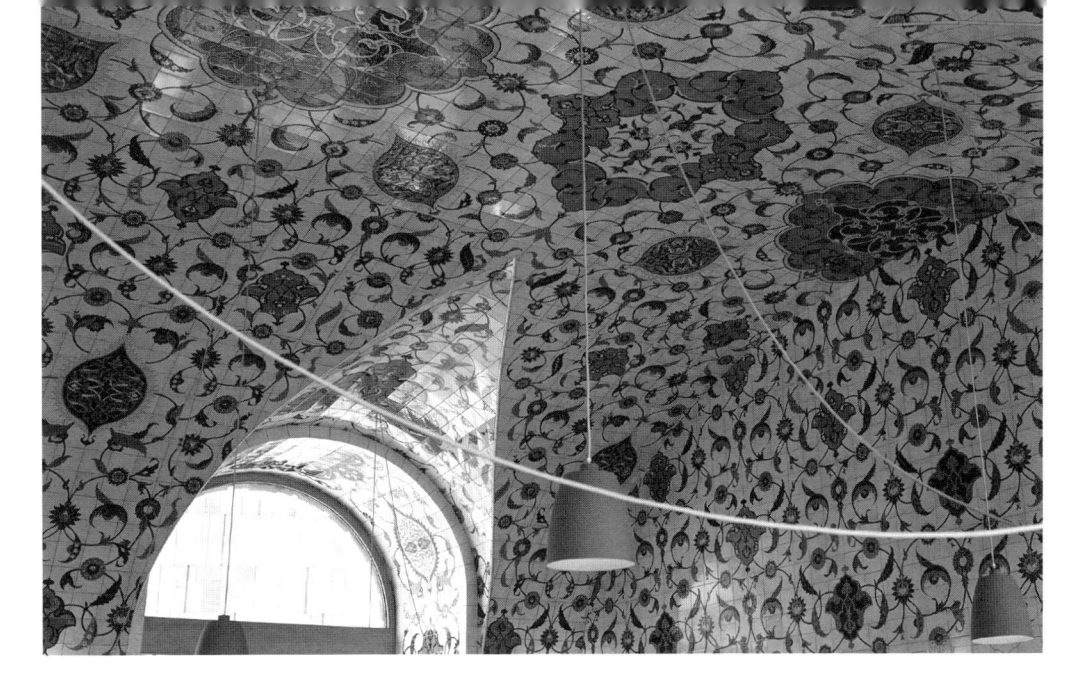

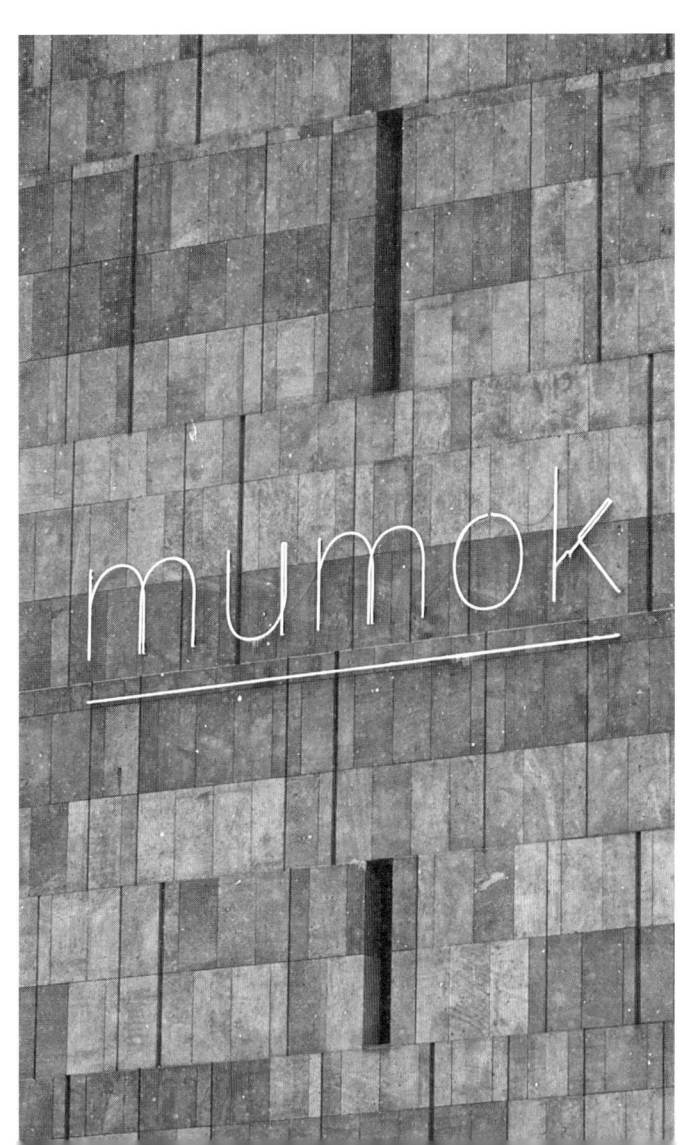

42—43

Der Salon
für Kunstbuch
in der
Mondscheingasse

– VON FLORIAN GRESSHAKE –

»Ich glaube, dass es hier um Gesellschaft geht und nicht um Bücher.«

In einer kleinen Nebengasse des 7. Wiener Bezirks befindet sich seit dem Jahr 2007 der Salon für Kunstbuch – auf den ersten Blick eine Galerie, die sich mit dem Phänomen des Buches in der heutigen Gesellschaft auseinandersetzt. An einem bitterkalten Freitag im Januar treffen wir den Konzeptkünstler und Gründer des Salons, Bernhard Cella, und sprechen mit ihm in den ungeheizten Räumen über eine ganze Bandbreite von Themen: die neue Offenheit des Mediums Buch, die Konzeption hinter dem Salon für Kunstbuch, die Irritation alter Such- und Sehgewohnheiten in Bibliotheken sowie den Konnex zwischen Buchproduktion und gesellschaftlicher Selbstrepräsentation in der Gegenwart.

Florian Greßhake: Herr Cella, wie kam es zum Salon für Kunstbuch und was war Ihre ursprüngliche Motivation dazu?

Bernhard Cella: Im Jahr 2007 habe ich mein Atelier in das Modell einer Buchhandlung umgebaut und mich im Prinzip nur mit der Frage beschäftigt, wie angesichts der Digitaltrends im 21. Jahrhundert das Medium Buch präsentiert werden kann, wie also aus künstlerischer Sicht heute ein räumliches Konzept dafür aussehen würde. Am Anfang war der Atelierraum schlichtweg bücherlos, ich habe dafür ein Farbkonzept entwickelt und ihn mit Displays aus Holz und Kartonpappe ausgestattet. Bei den meisten Sammlungen stellt sich das Prinzip ja umgekehrt dar, man sucht erst dann einen Ort, wenn eine Sammlung vorhanden ist, der Ort selbst wird danach meist wieder aufgelöst. Danach habe ich begonnen, Publikationen zu sammeln, die ich für den Diskurs innerhalb der Gegenwartskunst relevant fand. Zugleich haben mich auch Aspekte interessiert, die mit der Entwicklung neuer Medien zu tun haben. Um das Jahr 1995 herum kam es bekanntlich mit der Durchsetzung des Internets als Massenmedium zu einigen tiefen Einschnitten auch innerhalb der Buchwelt. Seitdem wurde das analoge Buch allmählich vom Zwang befreit, Informationen transportieren zu müssen. KünstlerInnen und AutorInnen haben dann angefangen, das Buch als Medium neu auszuloten und diese Leerstellen für sich nutzbar zu machen. Dabei spielen dann auch ökonomische Verschiebungen eine Rolle, die Produktionsschritte passieren ja heute weitgehend digital. Spätere Kopien eines Werks sind heute leichter realisierbar, früher war es schlichtweg unökonomisch, Kleinauflagen oder auch nur ein einzelnes Stück in Auftrag zu geben. Die Erarbeitung des inhaltlichen Konzepts bis zum abschließenden Druck von Gegenständen kann quasi ineinander überfließen. Diese Aspekte haben sich wechselseitig verstärkt und hatten in den letzten 15 Jahren so etwas wie einen Boom des Künstlerbuches zur Folge, der bis heute nicht abgerissen ist.

FG: Ihre Sicht dieser Entwicklung erscheint mir eher ungewöhnlich zu sein, denn es wird heutzutage ja eher davon gesprochen, dass die Buchbranche in der Krise sei, gerade wegen der möglichen Alternativen wie E-Books und Print on Demand. Sie sehen diese Entwicklung also eher als Chance für das Buch?

BC: Heute befinden wir uns in einer dynamischen Entwicklung. So wie der Fotografie im Medium des Films ist auch dem Buch im Medium des Internets ein vis-à-vis entstanden. Die Produktion von E-Books und Print sind vergleichbar, doch ihre Vertriebsformen könnten kaum unterschiedlicher sein.

FG: Gerade für Kunstbücher würde ich annehmen, dass E-Books kein ideales Medium darstellen, da deren Inhalte digital doch gar nicht transportierbar sind, sprich: Gedruckte Bücher haben dort nach wie vor ihre Berechtigung.

BC: Schon innerhalb der modernen Kunst lässt sich auf eine vielfältige Tradition analoger Buchproduktionen zurückblicken. In den 1920er Jahren setzte deren Bedeutung etwa mit dem Dada und den sogenannten Bauhausbüchern ein, sie strebten eine demokratischere und breitere Form von Öffentlichkeit an. In den 1960er-Jahren gab es um die Konzeptkunst und die Fluxusbewegung einen zweiten Boom an Künstlerbüchern. Sie wurden dort auch als eine Form des Multiples verstanden, numerierte Kleinauflagen, die unter anderem das Gewebe aus befreundeten Kollegen stabilisieren und lebendig halten konnte. Auch die als Cultural Studies und Gender Studies bekannten Bewegungen haben mit ihrer publizistischen Praxis eine Unzahl an Folgediskursen ausgelöst, obschon sie anfangs von sehr kleinen Szenen ausgingen. Die Durchsetzung ihrer Botschaften steht nicht zuletzt mit analogen Buchpublikationen in Zusammenhang. In der Gegenwart sind es verstärkt die Studierenden, die in diesem Medium arbeiten. Das wäre früher zum Beispiel gar nicht in Reichweite gewesen, denn etwa zu Beginn der 1980er-Jahre wäre schon aus Kostengründen niemand auf die Idee gekommen, beim Abschluss des Studiums auch noch eine Publikation herauszubringen. Alle diese Bewegungen werden in neuen Gewändern weitergespielt und finden sich bei mir in überraschenden Nachbarschaften wieder. Michel Foucault hat ja in seiner Forschung über sogenannte Heterotope,– also »andere Orte«, die aber durchaus real und besuchbar sind –, vor allem das alternative Ordnungssystem und die Möglichkeit, nach eigenen Regeln zu funktionieren, interessiert. In meinem Atelierprojekt kommt es deshalb immer wieder zu solchen

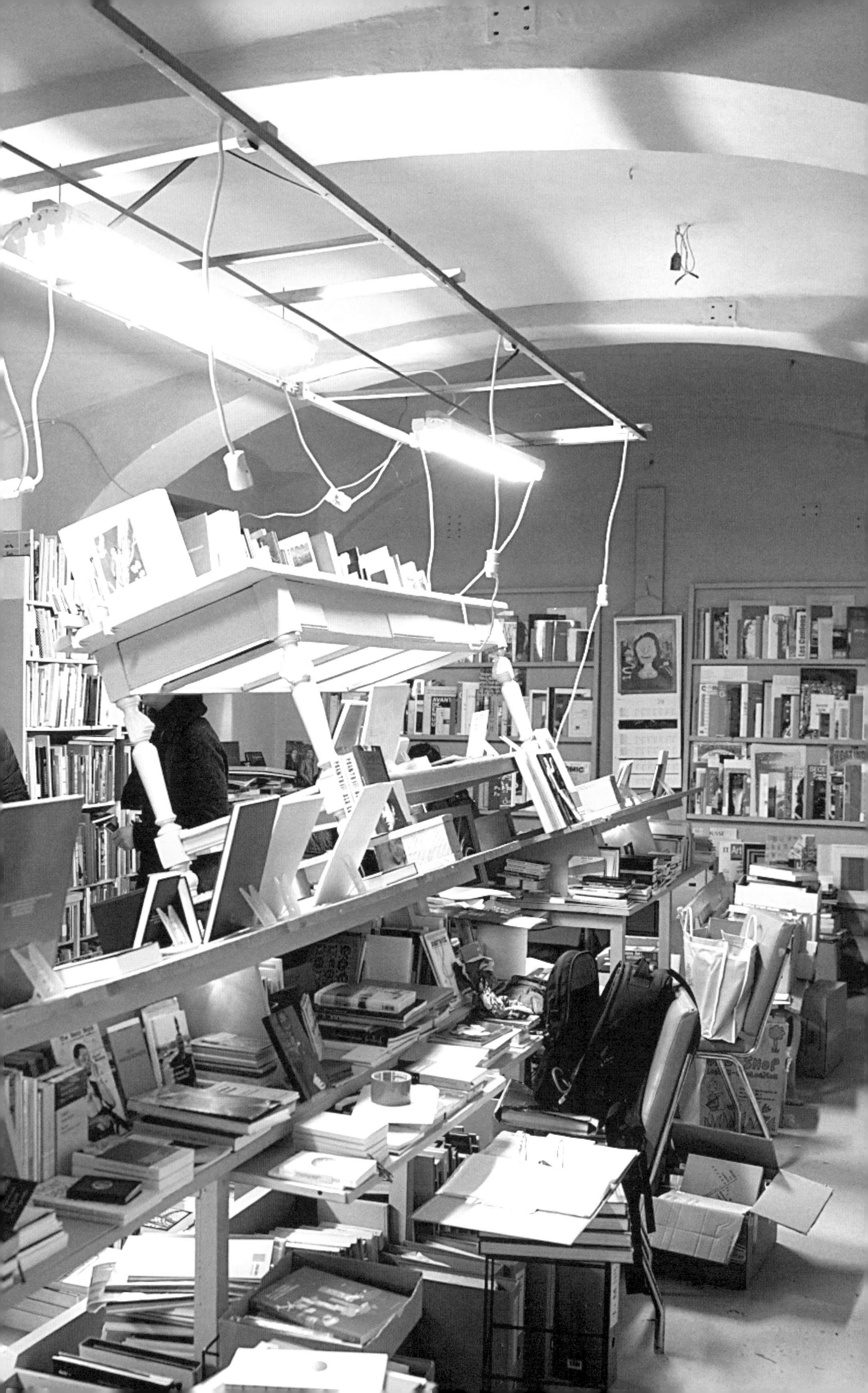

← Für Bernhard Cella ist der Salon für Kunstbuch ein Laboratorium: Auch wenn es vordergründig um Bücher und den Buchmarkt geht, fragt Cella eigentlich nach sozialer Selbstrepräsentation und gesellschaftlichen Netzwerken.

Momenten der »verdrehten Konstellation«, wo die gewohnten Ordnungen des bibliothekarischen Archivs, der Buchhandlung und der skulpturalen Anordnung einer Kunstinstallation durcheinander spielen. Wie und wohin ein Buch als Einzelexemplar zielt, verrät es dann ja ganz für sich selber.

FG: Was sind Ihre Auswahlkriterien, um ein Buch in die Sammlung aufzunehmen? Lassen Sie auch den Zufall entscheiden oder ist das Sortiment das Ergebnis von gezielter Recherche?

BC: Da gilt es, verschiedene Ebenen zu unterscheiden. Die Grundlage bilden Arbeiten von Kollegen und kunsttheoretische Publikationen, also Bücher für Leute, die im Kunstbetrieb tätig sind oder für Künstler von Interesse sein können. Manche haben auf den ersten Blick überhaupt keinen künstlerischen Inhalt, sind jedoch aufgrund ihrer Fragestellung relevant. Es gibt im Salon etwa ein Buch über den ersten russischen Computer. Zugleich erlebe ich dann einige Leute aus der Medienkunst, die sich gerade mit dieser Zeitspanne, in der der Computer entstanden ist, beschäftigen wollen. Über das Medium des Kunstbuchs werden für mich solche unplanbaren Konvergenzen zwischen allgemeinen Inhalten und Interessen meines künstlerischen Umfeldes erst sichtbar. Manchmal bleiben zufällig hereingeschneite Leute länger hier als erwartet, weil sie sich für ein Thema interessieren, das zufällig gerade von anderen Besuchern besprochen wird.

Was die Auswahl selbst angeht, gestalte ich diese bewusst subjektiv und suche nach eigenem Geschmack aus, das heißt nach meinen jeweiligen Filterkriterien als Konzeptkünstler, Bühnenbildner, politisches Wesen, Salonbetreiber, was auch immer. Solche Entscheidungen werden zumeist schon während der Recherche getroffen. Natürlich gibt es entsprechende Verlage, deren Erfahrung in Auswahl und Produktion sich als stabiler Eigenwert erweist, doch das selbstbewusste Filtern bildet einen wichtigen Aspekt meiner künstlerischen Arbeit. Bei der Recherche versuche ich, ein bestimmtes Feld zu untersuchen und mir dabei stets zu überlegen, wie dieser gewisse Teil des Buchmarkts funktioniert, welche Interessen sich dort übersetzen oder mit welchen Argumenten ein Buchvertreter mir anpreist, was an Gegenwartskunst verhandlungswürdig ist.

FG: Es kommen also auch Vertreter vorbei und bringen Ihnen neue Bücher?

BC: Eher selten, was erstaunlich ist, da es kaum vergleichbare Orte gibt. In der Regel wollen Leute ihre eigenen Publikationen vorstellen und in die Sammlung aufgenommen werden. Die Entscheidung darüber gestalte ich nach wie vor eher spontan und impulsiv. Manchmal interessieren mich Bücher, weil sie schlecht gemacht sind, wo ein Anspruch an Inhalt und Umsetzung in besonders lesbarer Weise scheitert. Übrigens behaupte ich nicht, dass ich hier die besten Bücher versammle, aber ausschließen kann ich es auch nicht. Insgesamt sind es derzeit 8 464 Titel.

FG: Es gibt einem Bericht der Typographischen Gesellschaft München vom Mai 2011. Damals hat Sie auch jemand besucht und einen Bestand von 2 800 Kunstbüchern festgehalten: das ist eine ordentliche Steigerung!

BC: Die Zahlen selbst sind ja nur ein Richtwert, da kommen immer noch die Titel ohne ISBN und mein persönliches Archiv hinzu. Ich denke, in den unterschiedlichen Feldern der Kunst ist es einfach interessant, Diskurse zu hinterfragen und gleichzeitig Materialien zu sammeln, die Teil dieser Diskurse sind. Es gibt auch Bücher von Journalisten, die ein Thema wirklich gut behandelt haben, oder Werke von Künstlern, die in ein Gebiet eintauchen, das sich sonst in der Kunst gar nicht zeigt. In dieser Richtung sammle ich zum Beispiel derzeit Publikationen zum Thema Bestrafung, weil ich damit gerne eine Ausstellung machen möchte. Dazu lassen sich sehr viele interessante Publikationen von Künstlern finden, die etwa Orte der Bestrafung zeigen oder Ordnungssysteme behandeln.

FG: Gibt es denn ein Kriterium, nach dem die Bücher im Salon für Kunstbuch sortiert sind?

BC: Nach Farbe! Bei Kunstbüchern kann man das auch wirklich machen, denn ich breche hier mit bestehenden Ordnungsprinzipien. Es gibt ja bestehende Ordnungssysteme, nach denen ein Archiv oder eine Bibliothek aufgebaut sind und diese funktionieren ja auch hinreichend. Was mich im realen Raum des Salons interessiert, ist es, diese Kriterien und Grundlagen aufzubrechen. Die Bücher sind für mich reines Material, wie für den Maler seine Farbpallette. Dieser Spielraum für dekonstruktive Setzungen entsteht nicht ohne Arbeit für den Realraum, ein Aspekt, der für den Besucher aufs erste nicht sichtbar ist.

FG: Und so lassen sich Such- und Sehgewohnheiten ändern?

BC: Das passiert unweigerlich, denn wenn ich etwa einige grüne Bücher zusammenstelle oder eine Ausstellung mit dem Titel »Yellow Books« plane – was versammelt sich da? Warum sind gerade diese Bücher grün oder gelb, gibt es einen anderen gemeinsamen Nenner jenseits ihrer Coverfarbe? In solchen Momenten entsteht die Chance zu einem Zirkelschluss mit der eigenen Wahrnehmung: Wie betrachte ich? Welche Verknüpfungen stelle ich an? Warum entstehen Gefühle der Sympathie oder Ablehnung? Das ist ein längerer Prozess, den man da durchläuft. Aber er zeigt erlernte Verhaltensweisen auf und lässt einen Bruch mit ihnen

Salon für Kunstbuch
Mondscheingasse 11
A – 1070 Wien
Öffnungszeiten:
Mittwoch bis Freitag 14.00 – 19.00 Uhr,
Samstag 12.00 – 17.00 Uhr
www.salon-fuer-kunstbuch.at

↑ Gemeinsam mit seinen Mitarbeitern ist Bernhard Cella (2. v. r.) auf den Spuren des Buches in der heutigen Gesellschaft unterwegs.

zu, an dem sich neue Gedankenverzweigungen einspielen können. Diese Konstellation zwingt mich zu einer gewissen Beweglichkeit angesichts einer Gegenwart, die uns mit ständigen Umbrüchen konfrontiert.

FG: Wird der Salon für Kunstbuch von den Besuchern als Ausstellungsraum für die Betrachtung von Kunst wahrgenommen oder doch eher als Buchhandlung, in die ich als Käufer komme und gehe?

BC: Beide Ortsfunktionen, Ausstellungsraum und Buchhandlung, kommen ja woanders nur getrennt vor, im Salon sind sie zugleich realisiert und dieses Spiel stiftet manchmal eine eigene Form von produktiver Verwirrung. Die meisten kommen einfach hinein und schauen, was der Ort sein soll, ob etwas Interessantes für sie zu finden ist. Wenn sie nicht fündig werden, gehen sie wieder. Doch manchmal will jemand einen bestimmten Titel haben und erfährt dann, dass dieser zwar vorhanden, aber unverkäuflich ist.

FG: Das klingt sehr erklärungsintensiv. Verstehen die Besucher es, wenn sie die Bücher nicht kaufen können?

BC: In der Regel schon.

FG: Es heißt, der Salon für Kunstbuch sei »das 1:1-Modell einer Buchhandlung«. Ihnen wird auch folgendes Zitat zugesprochen: »Wer glaubt, es gehe an diesem Ort um Bücher, der irrt.« Wie ist das zu verstehen?

BC: Um Künstlerbücher geht es nur an der Oberfläche, dort, wo auch der flüchtige Blick fündig wird. Wer genauer hinschaut, wird bemerken, dass es hier um Aspekte der gesellschaftlichen Weiterentwicklung geht. Jede Publikation repräsentiert in sich ein Netzwerk von Personen, die eine ganze Palette an Entscheidungen realisiert haben. Der Umbau meines Ateliers in ein solches Laboratorium erlaubt es mir, die Beobachtung zweiter Ordnung mit allen Sinnen in meinen Alltag zu integrieren. Die Kunstwelt ist nach wie vor ein Seismograf möglicher Zukünfte.

FG: Herr Cella, ich bedanke mich sehr für dieses spannende Gespräch! ———

Vom Taxifahrer zum Theoretiker der Druckgrafik:

Philipp Maurer und die Zeitschrift »Um:Druck«

— VON FLORIAN GRESSHAKE —

Wien, irgendwann im Januar, große Schneeflocken fallen aus den bleiernen Wolken auf den eisigen Boden und bedecken die Straßen mit einem weißen Schleier. Es ist kalt, die Menschen hasten weiße Atemwolken ausstoßend und fest umwickelt von ihrer Winterkleidung an der Hofburg vorbei, zu mir unbekannten Zielen. Der passende Zeitpunkt, um mich im geheizten und von regem Treiben erfüllten Café Griensteidl am Michaelerplatz aufzuwärmen und mit Philipp und Leonore Maurer zu treffen. Mit diesen beiden Originalen, im besten Sinne, spreche ich über ihre Zeitschrift »Um:Druck« und die Wiener Druckgrafikszene.

Philipp Maurer, ein lebhafter Mann mit langem, schon recht grauem Vollbart und funkelnden Augen, promovierter Germanist und Historiker, der vom Bundespräsidenten den Berufstitel »Professor« verliehen bekommen hat, erzählt mit flammender Leidenschaft von seinem Wien und seinem Thema: der Druckgrafik. 2006 hat er die Vierteljahresschrift »Um:Druck. Zeitschrift für Druckgraphik und visuelle Kultur« ins Leben gerufen, die seitdem über die aktuelle Druckgrafik und gegenwärtige Ausstellungen, Projekte und Tendenzen berichtet. Doch bereits im Vorfeld habe ich mich gefragt: Wie kommt man von der Germanistik und einer Promotion über die Geschichte und Theorie der alternativen Kultur in Wien hin zur Druckgrafik? Ein Blick auf Philipp Maurers Lebenslauf und seine Veröffentlichungsliste offenbart zahlreiche Publikationen des Um:Druck-Herausgebers zur Kulturgeschichte. Schon zu Beginn unseres Treffens spüre ich, dass hier ein ungewöhnlicher Lebenslauf darauf wartet, erzählt zu werden; eine Biografie, die eng verknüpft ist mit der Druckgrafik in Wien und in Österreich in den letzten rund 25 Jahren.

»Maurer, Sie brauchen einen Job?« – da war der Bruch

Noch vor der Promotion vermittelte einer seiner Dozenten an der Universität Wien Philipp Maurer eine Vollzeitstelle in einer Galerie. Neben seinen Studienfächern Germanistik und Geschichte, so Maurer, habe er sich auch immer mit der Kunstgeschichte beschäftigt, ohne jedoch zu einer Prüfung zu gehen. Sein Studium finanzierte er sich unter anderem als Taxifahrer und durch seine Mitarbeit in der Redaktion des Lesezirkels, dem Literaturmagazin der Wiener Zeitung. Die Frage seines Dozenten »Maurer, Sie brauchen einen Job?«, führte ihn schließlich zur »Kleinen Galerie«, die Mitglied im Dachverband der Wiener Volkshochschulen war. Diese hatten sich schon in der Zwischenkriegszeit die Aufgabe gestellt, Arbeiter und Angestellte anzuregen, sich mit Kunst und Kultur auseinanderzusetzen. Seine Anstellung, so Maurer, sei dann der Bruch gewesen: »Der Umstieg von der Literaturgeschichte und Geschichte auf die Kunstgeschichte war relativ einfach. Es war auch ein persönliches Interesse, das sich eng mit politischen und gesellschaftlichen Themen verband. Schließlich konnte man sich in allen Fächern

↑ Philipp Maurer im Gespräch: Voller Begeisterung erzählt er von seinem Thema – der Druckgrafik.

dieselben Fragen stellen.« Für Maurer waren es so die inhaltlichen Überschneidungen, die ihn zur Druckgrafik brachten: »Die ersten Bildungsfunktionäre waren eigentlich die Setzer und Buchdrucker. Die konnten lesen und schreiben. Der erste Leser des Karl Marx war sein Setzer!« Daneben begeisterte Maurer die historisch-politische Bedeutung druckgrafischer Werke: Seit dem 15. Jahrhundert wird mit ihrer Hilfe Politik betrieben und auch »1848 war die Druckgrafik, das vervielfältigte Bild, politische Agitation«.

Der Um:Druck entsteht

Im Rahmen seiner Anstellung in der Kleinen Galerie, damals noch im 8. Wiener Bezirk, trat Maurer vor dem Hintergrund seiner Überzeugung, dass die Druckgrafik ein großes Potenzial für die Bildungsarbeit habe, da ein Erwerb von Kunstwerken auch für den durchschnittlichen Geldbeutel erschwinglich ist, für eine neue inhaltliche Ausrichtung der Galerie ein. So wurde sie innerhalb weniger Jahre zum wichtigsten Standort der Druckgrafik in Österreich, in dem zahlreiche internationale Künstler, unter anderem aus Jugoslawien, Bulgarien, Deutschland, Frankreich, Japan, Indien und den USA, ihre Werke präsentierten und von dem aus Ausstellungen österreichischer Druckgrafik vom Balkan bis in die USA organisiert wurden. Daneben entwickelte Maurer das Mitteilungsheft des Trägervereins der Kleinen Galerie, die »Wiener Kunsthefte«, zu einer Vierteljahresschrift für Druckgrafik. Im Gespräch mit Philipp Maurer merke ich schnell, mit welchem Engagement und welcher Begeisterung er damals für sein Thema und seine Überzeugung eingetreten ist. Seine Feststellung, dass die Galerie auch innerhalb der Volksbildung eine thematische Alleinstellung erreicht habe, trägt er mit einem solchen Enthusiasmus vor, dass ich auch heute noch nachvollziehen kann, warum er 1994 den Förderpreis der Stadt Wien für seine Arbeit in der Volksbildung erhielt. Doch noch war der Um:Druck nicht geboren. Dies geschah erst, als der Vorstand des Trägervereins der Galerie zu einem Malerei-Schwerpunkt zurückstrebte und Maurer, der 1986 deren Direktor geworden war und es auch bis 2005 blieb, weiter mit der Druckgrafik arbeiten wollte. So beschloss er 2006, den Um:Druck, die Zeitschrift für Druckgraphik und visuelle Kultur, zu gründen.

»Alles, was gedruckt ist, ist für uns von Interesse.«

Während ich im Verlauf des Gespräches bereits einiges über Philipp Maurer erfahren habe, hat sich Leonore Maurer mit Äußerungen zurückgehalten, ist dem Gespräch jedoch aufmerksam gefolgt. Bei meiner Frage nach den Themen des Um:Drucks zeigt sich jedoch rasch, dass sie ebenso von dem Gegenstand gefesselt ist wie ihr Mann. Etwas leiser als ihr Mann, aber mit dem gleichen Enthusiasmus schildert sie ihren Weg: Zwar sei sie, als Antwort auf meine Frage nach ihrem Interesse an der Druckgrafik, erst über die Heirat so

↑ Philipp und Leonore Maurer bilden den Kern des Um:Druck-Redaktionsteams. Er schreibt hauptsächlich die Artikel, sie übernimmt das Lektorat und bestimmte Themen, die sie besonders interessieren.

wirklich damit in Berührung gekommen, allerdings habe sie sich bereits zuvor viel mit Büchern und Literatur auseinandergesetzt. Und wie sieht es mit der Aufgabenteilung in der Redaktion aus? Die Textarbeit leistet hauptsächlich Philipp Maurer, Leonore Maurer ist für die Organisation und das Lektorat verantwortlich und sucht nach Themen, die sie besonders interessieren, wie zum Beispiel die Wissenschaft, gespiegelt in Bildern: »Der Druck hat eine gewaltige Leistung für die wissenschaftliche Bestimmung von Gegenständen gebracht. Während bei jeder handschriftlichen Kopie eines Buches oder Codex' jede Abbildung, beispielsweise eine Pflanze, immer anders aussah, bleibt das Bild im Druck immer gleich.« Auch zur aktuellen Ausstellung »Nackte Männer« im Wiener Leopoldmuseum verfasste Leonore Maurer unter dem Gesichtspunkt der visuellen Kultur einen Artikel. So ist es vor allem das persönliche Interesse, das die beiden in ihrer Arbeit für den Um:Druck leitet. Die Vierteljahresschrift umfasst Artikel sowohl zur Geschichte der Druckgrafik der letzten 600 Jahre als auch zu aktuellen Entwicklungen, Projekten und Ausstellungen. Der Schwerpunkt der Berichterstattung liegt zwar auf Wien, was eine logistische und personelle Frage ist, doch erfährt der Leser darüber hinaus zahlreiche Neuigkeiten zu Ausstellungen in Berlin und Leipzig, über einzelne Künstler oder wie zuletzt über das Museum Otto Schäfer in Schweinfurt. Die große thematische Bandbreite innerhalb der Hefte wird auch von Leonore Maurer bestätigt: »Wir haben von Anfang an gesagt, dass möglichst die neuen Techniken – Digitaldruck, StreetArt und auch Plakate – also die ganze Angewandte behandelt wird; auch Karikaturen und Mangas. Wir sind jederzeit bereit, neue Themen und Techniken aufzugreifen und über Experimente zu berichten.« Diese Offenheit gegenüber gegenwärtigen Entwicklungen liegt auch in der Definition der Druckgrafik, die Philipp Maurer dem Um:Druck zugrunde gelegt hat: Für ihn ist »Druckgrafik das vervielfältigte und verbreitete Bild«, das an keine bestimmte Drucktechnik gebunden ist. Deswegen ist für ihn »alles, was gedruckt ist, von Interesse«.

Einen Hauptteil der Berichterstattung bilden Besprechungen zu laufenden Ausstellungen, interessanterweise ergeben sich dabei oftmals völlig selbstständig Schwerpunktthemen, wie eine Ausgabe, die sich fast ausschließlich dem Holzschnitt widmete. Das Selbstverständnis des Um:Drucks ist es dennoch nicht, eigene Trends zu setzen, wie die beiden im Gespräch ausführen: »Wir sind Beobachter. Wir sind keine Drucker; Trends und Tendenzen wahrnehmen, in der Diskussion beratend teilnehmen, kritische Fragen stellen, Künstler vor Sackgassen bewahren, so sehen wir die Rolle der Zeitschrift.« So betrachten die beiden ihre Zeitschrift als ein Medium, das registriert und Rat gibt, gepaart mit dem Anspruch, thematisch möglichst offen zu sein. Zugleich, und hier sind wir wieder bei Philipp Maurers Wurzeln, ist ihnen aber auch die Aussage und politische Botschaft des Künstlers äußerst wichtig, sie rangiert manchmal sogar vor der künstlerischen Qualität. Kunst, insbesondere die Druckgrafik, müsse etwas zu sagen haben, denn Vervielfältigung macht nur Sinn, wenn sie eine Botschaft transportiert.

↑ Schwarz-Weiß gedruckt, im Format 284 x 409 mm, 32 Seiten, eine Auflage von 700 Stück – das ist der Um:Druck.

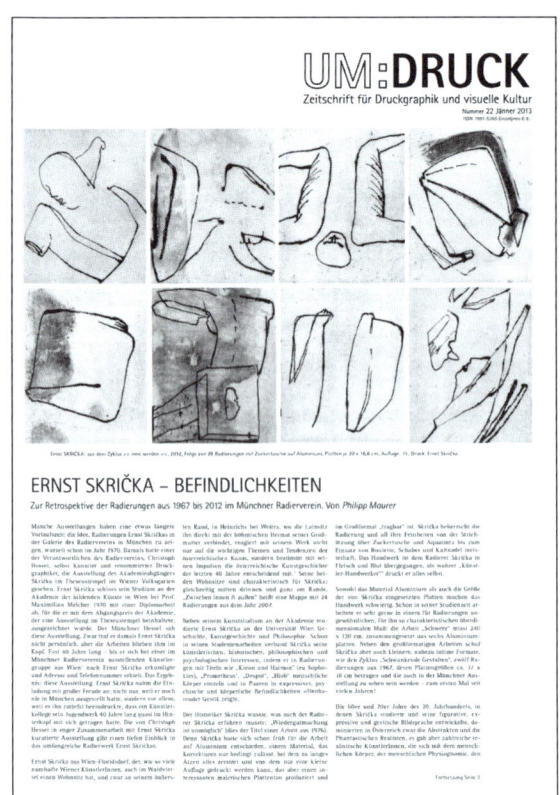

Heute hat der Um:Druck eine Gesamtauflage von 700 Stück, davon gehen 500 an Abonnenten

Für den Start der neuen Zeitschrift 2006 war es ein Glücksfall, dass sich Maurer in der Szene bereits einen Namen gemacht hatte: »Ich war als Person schon als der Theoretiker der Druckgrafik bekannt und da habe ich mir gesagt, dass wir mit meiner Bekanntheit und meinem Ruf in der kleinen Druckgrafikszene weiterspielen.« Auf diese Weise konnte der Um:Druck von Anfang an auf die Unterstützung von 200 Abonnenten zählen. Den erfolgreichen Start erklärt der Herausgeber aber auch mit der überschaubaren Anzahl der Druckgrafikinteressierten: »In dieser Szene ist nicht die Institution wichtig, sondern die Person.« Und diese Szene hält treu an ihrer Zeitschrift fest: Aus den 200 Abos sind im Laufe der Jahre, bei einer Gesamtauflage von 700 Stück, gar 500 geworden, hiervon gehen rund 400 nach Österreich, der Rest verteilt sich über ganz Europa. Bis auf einen kleinen Zuschuss vonseiten der Stadt Wien sind es so die Abonnenten, die den Um:Druck finanzieren. Eine besondere Rolle spielt hierbei auch die »Edition Jugendfrei«, deren Idee vom damaligen Dozenten der Wiener Kunstschule, Georg Lebzelter, stammt. Der heutige Hochschullehrer wählte für jede Ausgabe der Zeitschrift einen Studierenden aus, der eigens eine Druckgrafik gestaltete und dem Um:Druck für den Vertrieb zur Verfügung stellte. In einer Auflage von 50 Stück werden diese Arbeiten zum einen auf der jeweils letzten Seite der Zeitschrift abgebildet und zum anderen in Form eines Abos an interessierte Grafikliebhaber verkauft. Für die Studierenden liegt der Reiz darin, dass ihr Werk und ihr Name in der Druckgrafikszene bekannt werden und dass ihre Arbeit auf der letzten Seite des Um:Druck in optischen Dialog tritt mit der Abbildung auf der Titelseite, die oft von einem international renommierten Künstler stammt. Mittlerweile kommen die Arbeiten für die »Edition Jugendfrei« nicht mehr nur von Wiener Studierenden, sondern aus ganz Europa. So ist in der Anfang 2013 erschienenen Ausgabe des Um:Druck eine Radierung mit dem Titel »Grenzen« von Alexandra Frohloff, einer Druckgrafikerin von der Hochschule Niederrhein in Krefeld, zu sehen.

Schwarz-Weiß gedruckt, 284 x 409 mm, 32 Seiten – das ist der Um:Druck

Während die Zeitschrift seit der ersten Ausgabe des Um:Druck vor sechs Jahren inhaltlich verschiedene Themen aufgegriffen hat, setzen der Herausgeber und sein Redaktionsteam in der grafischen Gestaltung auf Kontinuität. Philipp Maurer platziert im Café Griensteidl vor mir auf dem Tisch einen großen Stapel von Um:Druck-Ausgaben: Schwarz-Weiß gedruckt, im Format 284 x 409 mm, ein Umfang von insgesamt 32 Seiten, auf dem obersten Titelblatt prangt eine Radierung des Münsteraner Professors Jochen Stücke. Als Hausschrift hat sich Philipp Maurer auf Empfehlung eines befreundeten Wiener Typografen die 1988

↑ Das Redaktionsteam besteht aus bis zu sieben Mitgliedern, die die neuen Ausgaben vorbereiten. Hier zu sehen (v. l. n. r.): Leonore Maurer, Philipp Maurer und Pavlina Delcheva vertieft im Gespräch über eine Druckgrafik.

von Otl Aicher gestaltete Rotis ausgesucht. Aus der Schriftwahl ergibt sich für die Arbeit der Um:Druck-Redaktion jedoch zugleich ein Problem, wie Leonore Maurer einwirft: »Wir haben mit vielen Sonderzeichen Probleme – vor allem mit den Hatscheks, die es in diesem Font nicht gibt. Für die Sonderzeichen von fremden Sprachen müssen wir basteln. Aber wir legen viel Wert auf die Sonderzeichen!« Besonders in Erinnerung sei ihr ein Artikel über eine Ausstellung indischer Öldrucke geblieben, die zahlreichen Betonungs- und Sonderzeichen seien eine echte Herausforderung gewesen. Die Hauptarbeit an jeder Ausgabe leisten Philipp und Leonore Maurer selbst. Unterstützung bekommen sie in der Regel von zehn bis zwölf Mitarbeitern und Künstlern, die Artikel schreiben; in der eigentlichen Redaktion sitzen vier bis sieben Mitstreiter. Vor allem ein Punkt, so merke ich schnell, bereitet den beiden in ihrer Arbeit besonders viel Freude: andere, auch junge Studierende, für die Druckgrafik zu begeistern. So arbeiten seit einiger Zeit zwei neue Mitarbeiterinnen in der Redaktion, die gerade am Ende ihres Studiums stehen: Für den Herausgeber ist »das Erfreuliche, dass es für dieses gedruckte Medium Interesse und dass es so viele junge Leute gibt, die diese alten Techniken mögen«. Die »Schwarze Kunst«, das Druckereihandwerk, bemerkt Leonore Maurer verschmitzt, übt auf manche Menschen eine besondere Anziehung aus, die sie nicht mehr loslässt: »Es gibt Menschen, die haben Freude daran, sich die Hände schmutzig zu machen.«

Nachdem Leonore und Philipp Maurer das Café Griensteidl verlassen haben, muss ich noch lange an das Gespräch, an die Leidenschaft der beiden für ihr Thema, die Druckgrafik, denken. Gerade erst wieder ist eine neue Ausgabe des Um:Druck erschienen, es ist mittlerweile die 22. Besonders eine Aussage von Philipp Maurer ist mir im Gedächtnis geblieben, die vielleicht auch viel über die Motivation der beiden aussagt: »Vermutlich wäre es in jeder anderen Stadt als Wien leichter, eine solche Zeitschrift zu machen. Es gibt hier seit dem Biedermeier den traditionellen Kult des Originals, der Einmaligkeit (»EIN Gott, EIN Kaiser, EINE Kaiserstadt«) und damit verbunden eine Geringschätzung der Vervielfältigung, des Druckes.« Deswegen hat der Um:Druck, so Philipp Maurer, den »Charme eines Untergrundorgans«. Ich bin mir sicher, hier sind zwei angetreten, die etwas zu sagen haben, die bilden und informieren wollen, und die ihr Thema unter die Menschen bringen möchten. Mit dieser Erkenntnis trete ich aus dem Kaffeehaus hinaus in den sanft rieselnden Schnee. Wien im Januar, es ist kalt, aber es gibt viel zu entdecken.

Wir danken Philipp und Leonore Maurer für das nette Gespräch! ———

MEIN KAFFEEHAUS TIPP

Philipp Maurer: Café Engländer
Leonore Maurer: Café Frauenhuber

: : : TYPOTON – Schrift im Radio : : : oder: Butterbrote fallen immer auf die Marmeladenseite : : :
: : : : : : : : : : : : : : : :

– VON JUDITH LUDWIG –

Wie klingen Serifen, Pixel und Laufweite? Was ist Notationstypografie? Und wie lässt sich eigentlich Gekreische verschriftlichen? Das experimentelle Radioprojekt TYPOTON der Wiener Grafikerin und Schriftdesignerin Nicole Fally öffnet gleichermaßen dem professionellen Typografen wie dem Laien einen musikalischen und damit künstlerischen Zugang zu Schrift, Schriftgestaltung und zum einzelnen Buchstaben. Ob bei der Visualisierung eines Bohrers oder beim Lauschen der Klänge der niederländischen Band »wolfraam«, die ausschließlich aus Schriftdesignern besteht – durch das Gespräch zwischen Zeichen und Ton sowie dem Betrachten von Klängen entstehen synästhetische Effekte, die den rein visuellen Blick auf Typografie erweitern sollen. In seinem künstlerischen Zugang zu Schrift ist dieses Projekt das bisher einzige seiner Art: Versalien hören und Blockflöte sehen – das ist die Idee hinter TYPOTON.

Judith Ludwig: Du bist Urheberin, Redakteurin und Produzentin Deiner eigenen Radiosendung. Wie kam es dazu?
Nicole Fally: Ich kam auf die Idee zu TYPOTON über Freunde, die schon seit längerem eine Sendung bei Orange 94.0 hatten, einem freien, alternativen Radiosender in Wien. Orange 94.0 bietet tolle Möglichkeiten, gerade für junge Menschen, eigene Sendungen zu produzieren. An einem der geplanten Sendetermine bin ich gemeinsam mit einer Freundin spontan für den Verantwortlichen der Sendung eingesprungen. Diese relativ unvorbereitete Radiopremiere hat erstaunlich gut geklappt und wahnsinnig Spaß gemacht, also wollte ich bald eine eigene Sendung machen. Durch meinen Hintergrund und meine Ausbildung als Grafik- und Schriftdesignerin war dann schnell klar, dass es eine Sendung über bzw. mit Schrift sein sollte, was sich natürlich als schwierig gestaltete: Etwas Visuelles musste in einem Audiomedium »zu Wort kommen«.
JL: Wie lange hat es von der Idee zur Realisation des Projektes – Du nennst es »Experiment« – gedauert?
NF: Das Konzept zu entwickeln und umzusetzen, hat natürlich viel Arbeit mit sich gebracht. Von der ersten Idee bis zur Ausstrahlung der ersten Sendung dauerte es etwa ein Jahr: 2006 ging TYPOTON 1 auf Sendung, die erste Folge von bisher fünf. Zur Zeit der Konzeptionierung nahm ich an einem Typedesign-Workshop in den Niederlanden teil und habe dort viele Leute getroffen, die ich in diesem Rahmen interviewt habe. Deshalb kommen in der ersten Sendung so viele Niederländer zu Wort. Den Haag bietet Typografen und Schriftdesignern viele interessante Ausbildungsmöglichkeiten und Ideen.
JL: Welche Absicht verfolgt Deine Sendung TYPOTON?
NF: Sie ist ein Experiment, um Schrift dem Alltag näherzubringen, den bewussten Umgang mit Details anzuregen, der Vielfalt und Notwendigkeit dazu Raum zu geben und zu guter Letzt die Freude am Gestalten eines oftmals unterschätzten Mediums nicht still verklingen zu lassen. Wir sprechen in der Sendung über Schrift und über die, die sie machen. Fragen wie: Wie klingt Schrift? Wie klingen Abstände und Satzzeichen? In welche Form kann ich einen Ton bringen? werden gestellt. Es geht um Form- bzw. Tonfindung, darum, neu zu beleuchten, was wir alle tagtäglich vor Augen haben.

> Wie klingt ein Wort mit zu großer Laufweite? – Da fehlt der Rhythmus, es fällt auseinander – also kann es auch nicht mehr klingen. Lucas de Groot in TYPOTON 1

JL: Erzähle doch kurz etwas zu dem Konzept Deiner Sendung.
NF: Es gibt immer das Gerüst der Dreiteilung, wie etwa bei TYPOTON 3 mit Albert-Jan Pool, einem niederländischen Typografen und Schriftdesigner: Nach den spontanen Sätzen zur Schrift, die ich auf der Straße von Passanten einsammle, kommen Pools Geschichte und Ansichten zum Thema Schrift, bzw. hier zur Normierung von Schrift, zu Wort, um auch die nötige fachliche Tiefe in die Sendung zu bringen [diese entsteht auch in jeder Sendung durch das Lexikon von Martin Tiefenthaler, in dem er typografische Begriffe erklärt, Anm. d. Verf.] und dann der experimentelle Teil des Spiels, in dem ein Geräusch von Sounddesigner Georg Kuttelwascher, wie etwa ein Quetschen oder ein Gebrüll visualisiert werden soll, und zum Abschluss die Rubrik »Vertont«, in der wiederum typografische Merkmale vertont werden. Manchmal steht in der Sendung ein bestimmtes Thema im Vordergrund, aber manchmal eher porträtartig eine Person, wenn es sich anbietet. Bei der Sendung zu Albert-Jan Pool stand eindeutig der Mensch im Fokus. In den beiden ersten Sendungen hingegen wurden eher jede Menge Begriffe und Infos zur Entwicklung von Schrift geklärt.
JL: Kommen in TYPOTON auch Laien zu Wort?
NF: Ja! Im Vorspann, also dem ersten Teil der Sendung, kommen immer Menschen zu Wort, die ich willkürlich auf der Straße angesprochen und um einen Satz, in dem das Wort »Schrift« vorkommt, gebeten habe …
JL: … solche Sätze wie »Schrift ist krass!«, die man auf der Website sehen kann?
NF: Ja genau. Die Antwort kam übrigens aus Köln. Im zweiten, dem Hauptteil, kommen dann, wie gesagt, vor allem Schriftdesigner, Grafiker, aber auch Musiker zu Wort, die sich mit Schrift in besonderem Maße auseinandersetzen. Der Wettbewerb zum Schluss – das Geräusch, zu dem extra entwickelte, individuelle Schrift-

zeichen eingereicht werden können – ist aber auch sehr spannend, in wie viele mögliche Richtungen das geht, das ist schön. Hierzu erreichen mich zum Beispiel Buchstabenkompositionen oder sehr abstrakte Formen, die unangenehme Töne wie das Gekreische verbildlichen sollten. Leider kamen generell sehr wenige Einsendungen bisher ...

JL: Die Aufgabe ist auch nicht einfach beziehungsweise einfach ungewöhnlich ...
NF: ... Ja, anscheinend. Es ist schon schade, ich hätte mir dazu mehr Einsendungen gewünscht. Eine der Einsendungen war aber toll: Sie kam von Johannes Krenner, der ein akustisches Experiment zum Thema »Braille vertonen« eingereicht hatte und das ich mit in die Sendung genommen habe. Wichtig war mir einfach der Versuch, von beiden Seiten an die Sache ranzugehen: von der Schrift hin zum Ton und vom Ton hin zur Schrift.

> Wenn ich das Wort »Rot« z. B., wenn ich das in den drei Farben rot, gelb und grün sagen würde, müsste das grüne »Rot« doch anders klingen, als wenn ich das Wort »Grün« in grün sage, oder? Guido Schneider in TYPOTON 3

JL: Bist Du selbst Musikerin?
NF: Naja, ich habe früher Blockflöte gespielt, deshalb auch die Blockflöte in einem der Wettbewerbe ...

JL: Hörst du Musik bei Deiner Arbeit als Schrift- und Grafikdesignerin?
NF: Beim anfänglichen Konzipieren eines neuen Projektes eher nicht, also, wenn ich noch nicht weiß, wohin es gehen soll. Aber bei der Kleinarbeit hinten raus, wenn es an die konkrete und detaillierte Arbeit an der Form geht, dann ja, dann ist es schön und angenehm.

JL: Und wie klingen nun eigentlich Serifen und Versalien?

> Ein Wort mit Serifen ist das »Herz«, ein Wort mit serifenloser Schrift: »Licht« – Ein Wort ohne Serifen: »Bulldozer« und eines mit Serifen ist: »Staatssekretär« – Ein typischer Satz in Versalien? »GET OUT OF MY WAY!« – »ich gehe mit meinem hund spazieren«, das steht in Kleinbuchstaben, aber der Satz: »MEIN HUND GEHT MIT MIR SPAZIEREN!« in Großbuchstaben – »WIR SIND PAPST« gehört in Versalien, Gemeine passen zu dem Satz: »butterbrote fallen immer auf die marmeladenseite.« Babsi Daum, Guido Schneider und Susana Carvalho in TYPOTON 2

JL: Wie muss ich mir denn eine zu geringe Laufweite vorstellen?

> Brrr, ziemlich angespannt! Paul van der Laan in TYPOTON 1

NF: Da waren die Antworten tatsächlich sehr einstimmig und bewusst. Schriftgestalter verbinden zum Beispiel lang gezogene, eher tiefe Töne mit einer großen Laufweite oder dementsprechend dann schnelles Sprechen oder kurze, schnelle Töne aufeinander mit zu kurzer Laufweite, auf jeden Fall klingt es für alle unangenehm: eigentlich ganz logisch.

JL: Und auch das Klingen eines Satzes, gesetzt in einem monospaced font, kann man in TYPOTON finden:

> Sie werden angehalten, Ihre Steuererklärung bis zum 31.12. abzugeben! Guido Schneider in TYPOTON 2

JL: Wo siehst Du die Parallelen zwischen Ton und Buchstabe bzw. zwischen Musik und Schrift?
NF: Im Grunde steht ja jeder Buchstabe für einen Ton, da gibt es eine generelle Verbindung, auch wenn die Verbindung zwischen Ton und Buchstabe eher willkürlicher Natur ist. Es gibt außerdem klare Regeln sowohl in der Musik als auch in der Schrift, die es einzuhalten oder auf ähnliche Weise auch zu brechen gilt. Es gibt also sicher viele Gemeinsamkeiten. Außer TYPOTON kenne ich nur noch das Typeradio, das funktioniert allerdings anders, es wird über Schrift gesprochen, es gibt Vorträge und Interviews zu hören.

JL: Es findet dort also keine Auseinandersetzung mit Schrift im künstlerischen oder experimentellen Sinne statt?
NF: Nein, richtig, darin unterscheiden sich die zwei Ansätze. Auch bei der Vorbereitung der Radiosendung selbst habe ich festgestellt, dass die Arbeit der Konzeption eines neuen Folders sehr ähnlich ist: Ich mache also in gewisser Weise ein Layout für die Radiosendung, wie in der Grafik und vermutlich jedem anderen Medium auch. Hier war allerdings der schwierige Gedanke: Ich möchte ein visuelles Medium in einem Audio-Medium verhandeln, das ist die interessante Herausforderung. Aber Schrift kommt von Sprache, also dachte ich: Es muss doch auch umgekehrt funktionieren. Audio hat aber natürlich auch den Vorteil, dass man etwas mündlich erklären muss, was man sonst nicht in Worte fasst, sondern der Einfachheit halber eher zeigt: Schau, das ist eine Serife, das ist eine Versalie etc. Im Radio muss es artikuliert, also genau benannt und beschrieben werden. Das macht oft auch bewusst und deutlich, worum es eigentlich geht.

JL: Und die Unterschiede zwischen Schrift und Musik?

> Wir können ja unsere Gedanken in ein anderes Medium übersetzen: die Sprache. Wir können die Sprache in ein anderes Medium übersetzen: die Schrift und Typografie. Wir können aber mit Musik nicht über Musik sprechen ... Die Herausforderung ist, dass die Möglichkeiten, die bestehen mit der Schrift, mit der Typografie von dem Charakter, den Musik hat, etwas in dem Medium, in dem man sich befindet, zu finden, was das eben transportiert. Es geht ja um Kommunikation, es ist nicht so, dass es der künstlerische Impetus ist, der sagt ...: Das ist meine Interpretation! Und der dann nicht davon ausgeht, dass es für jeden nachvollziehbar und verständlich ist. Wir machen aber Kommunikation und sind ja darauf angewiesen, dass das, was wir tun, Entscheidungen, die wir treffen – visuell und typografisch – nachvollziehbar sind, dass sie verstanden werden.« Horst Moser, Münchner Designer, in TYPOTON 4

JL: Wie waren die Reaktionen der Interviewten?
NF: Auf der Straße? Sehr unterschiedlich: Manchen fiel sofort etwas ein, manche überlegten lange, manche sind auch gleich abgehauen vor mir bzw. vielleicht

auch vor der gestellten Aufgabe … Ich hatte allerdings bei diesen spontanen Befragungen natürlicherweise keinen wie auch immer gearteten Anspruch, es sollten Sätze aus dem Blauen heraus sein.

JL: Und welche Experten hast Du für Deine Sendungen interviewt?

NF: Viele Interviews kamen über Vorträge bei der tga in Wien und auf der TYPO Berlin zustande, wo ich Interviews geführt habe. Innerhalb von zwei Jahren hatte ich dann viele Schriftdesigner, Grafiker oder Typografen auf Band, mit deren Beiträgen die bisherigen fünf Sendungen gestaltet wurden.

JL: Und die sechste Sendung kommt?

NF: Sie ist in Planung bzw. habe ich eine Idee dafür im Kopf, aber andere Aufträge sind momentan wichtiger, daher fehlt mir leider gerade die Zeit. Ich würde gerne eine Sendung über den bekannten britischen Grafiker und Schriftdesigner Jonathan Barnbrook machen, den ich sehr sympathisch finde und dessen Arbeiten ich sehr mag. Ich habe ihn schon vor mehreren Jahren in Berlin interviewt. So entstanden auch die bisherigen Sendungen: Wenn ich jemanden treffe, der interessant ist oder mir jemand einfällt, den ich gerne hätte, bastele ich daraus die Sendung.

JL: Was ist Dein Lieblingssatz über Schrift aus dem Projekt?

NF: Es gibt viele, ein Beispiel: »Das Coole an der Schrift ist eigentlich, dass sie macht, was die Sprache nicht kann: Sie hält fest.« Der Satz stammt von einer damaligen Mitbewohnerin, die bezeichnenderweise Schauspielerin ist und für deren Beruf Schrift nur die Grundlage ist bzw. im Gegensatz steht zu dem gesprochenen Wort auf der Bühne, das ja vergänglich ist. Das gesprochene Wort ist etwas Momenthaftes. Im Gegensatz zu einem gedruckten Wort, das ist wie mit einem aufgenommenen Lied: Auch Ton und Musik lassen sich festhalten, wobei das Musizieren dem Akt des Schreibens oder Tippens entsprechen würde, der vergänglich ist. Die Idee hinter TYPOTON geht einen Schritt weiter und sagt: Ein Ton kann mithilfe von einem Aufnahmegerät nicht nur festgehalten, sondern auch in Form eines neuen Schriftzeichens in ein anderes Medium übersetzt werden. Dass für einen Laut eine Visualisierung erfunden wird, steht ja am Anfang der Schrift und ist aber tatsächlich in geringerem Maße noch immer etwas, was wir tagtäglich tun, wenn wir zum Beispiel eine Schrift auswählen, eine Größe einstellen, etc. Die Experimente in der Radiosendung sollen das aufzeigen, daran erinnern, dass das, was wir oft unbewusst machen, durchaus eine (mehr oder weniger sinnvolle) Bedeutung transportiert.

JL: Viele der von Dir befragten Personen referieren über ihre eigene Handschrift. Ist Handschrift für Dich als Grafikerin und Schriftdesignerin wichtig?

NF: Ich schreibe gern mit der Hand und liebe auch Materialien wie Stift und Papier. Ich übe mich aber jetzt nicht einmal in der Woche in Kalligrafie. Zu Anfang eines Projektes mache ich viele Skizzen oder fange oft neu am Papier an, wenn ich nicht weiter weiß; auch, um meine Gedanken zu ordnen. Man lernt während des Schreibens etwas über die Schrift und warum welcher Buchstabe wie aussieht, deshalb ist die Handschrift für die Schriftgestaltung schon ein wichtiger Aspekt. Viele der Befragten denken beim Thema Schrift auch als Erstes an ihre Schulzeit zurück, vermutlich weil sie da zum letzten Mal wirklich länger oder bewusst überhaupt geschrieben haben und mussten – deshalb vielleicht der häufige Bezug zur Handschrift.

Ein durchgestrichenes Wort? Das klingt – gar nich'. Guido Schneider in TYPOTON 3

JL: Wie sah Deine Ausbildung aus?

NF: Ich hab nach der Matura an der Graphischen in Wien studiert: Das war ein zweijähriges Kolleg mit anschließender Meisterklasse in Kommunikationsdesign. Jetzt bin ich freiberuflich tätig.

JL: Du bist auch Schriftdesignerin: Was ist der Anreiz, eine eigene Schrift zu gestalten? Oder provokanter formuliert: Warum noch mehr Schriften?

NF: Warum? Darauf habe ich eine klare Antwort von einem Kollegen: In der Musik sagt doch auch niemand, wir bräuchten keine neue Musik mehr. Ein anderer Grund sind die Technik und die Kultur. Solange sich diese Bereiche verändern, wird man auch immer wieder Schriften verändern und anpassen können und müssen, beziehungsweise neue Schriften entwickeln.

Für mich war das eigentlich eine ästhetische Herausforderung … und der erste Schritt, zu sagen, wenn jemand eine Schrift macht, die eigentlich doof ist und Du alles da reinpackst, was Du kannst, aber nicht so weit gehst, dass es eine komplett eigene Geschichte wird, das ist genau das, was ich von '87 bis '94 gemacht habe. Ich bin immer derjenige, der dafür gesorgt hat, dass verschiedenste Schriften in verschiedenster Qualität so digitalisiert wurden und so korrigiert, so aufbereitet wurden, dass sie einerseits gut funktionierten, aber wir konnten natürlich nie so weit gehen, dass wir Sachen änderten. Ganz oft gibt es Vorlagen, die nicht vollständig sind oder schlechte Qualität haben, und in dem Moment, in dem man etwas digitalisiert, macht man das in so einer Qualität und Genauigkeit, dass jede kleine Abweichung auch als Fehlinterpretation oder Neuinterpretation gesehen werden kann … Albert-Jan Pool in TYPOTON 3

JL: Du setzt also das Schriftenmachen direkt mit künstlerischem Produzieren gleich?

NF: Natürlich gibt es auch Kunden, für deren Logo ich eine eigene Schrift gestalte, also für einen Auftrag von außen nur einige wenige Buchstaben konstruiere, und die mich dann erst darüber auf die Idee bringen: Die könnte ich auch für andere Projekte verwenden und so wird auch einmal eine ganze Schrift daraus. Aber ganz generell: Solange es Menschen gibt, die sich mit Schrift ausdrücken wollen, wird es neue Schriften geben, ja! Es ist das ständige Bedürfnis des Menschen, z. B. in der Schrift, eine eigene Ausdrucksform zu finden. Das ist nicht nur etwas Technisches, sondern etwas durchaus Lebendiges und schließt sicherlich künstlerische Aspekte mit ein.

JL: Schriftdesign als Kunst – das lassen wir gerne so stehen. Vielen Dank für das Gespräch!

↑ Die Urheberin von Typoton
beim Konzipieren: Nicole Fally.

MEIN KAFFEEHAUS TIPP

Café Goldegg
Argentinierstraße 49,
Ecke Goldeggasse
1040 Wien

ich weiß ja noch gar keinen satz, in dem das wort schrift vorkommt. ich finde schrift voll krass! : ich schre ordentlich, muss ich sagen, aber we mein zimmer sieht ... : Schriften zu g

::: Zum Nachlesen: typoton.org ::: Zum Nachhören: http://sendungsarchiv.o94.at/showSeries.php/094se63 :::

: ich will das schriftlich haben! : hat man die Vo

::: Zum Entdecken: http://o94.at/ (Orange 94.0 – das freie Radio in Wien:) :::

::: Zur Urheberin: Nicole Fally: http://www.t-g-d.at + http://o94.at/ :::

schriften erst einmal hinterfragt, sollte man sie hintergehen. : ich glaube für barbara bede schrift nur das halbe leben. : nein, nein wa

Typotopografie 5 Wien

56—57

– VON RAMONA FEILKE UND
FLORIAN GRESSHAKE

typo-passage wien

oder:
alter Wein in neuem Kleid.
Ein Gespräch mit dem
leidenschaftlichen Designer
Erwin K. Bauer

Im Wiener MuseumsQuartier gibt es ein außergewöhnliches Projekt zu entdecken: Seit 2009 hat hier in einem kleinen Durchgang zwischen Hof 1 und Hof 2 das »Mikromuseum für Gestaltung von und mit Schrift« – die Typopassage – seinen Sitz. Wechselnde experimentelle Ausstellungen zeigen zeitgenössische typografische Positionen und setzen sich mit dem Berufsbild des Grafikdesigners auseinander. Das haben wir uns etwas genauer angesehen …

Der weißgekalkte, nur wenige Meter lange Durchgang liegt ein wenig versteckt mitten im MuseumsQuartier. Eiligen Zeitgenossen werden wahrscheinlich zunächst nur die schwer lesbaren, schwarzen Schriftzüge im Gewölbe auffallen. Entworfen hat sie der spanische Grafikdesigner Alex Trochut, der erste Typograf der Ausstellungsserie. Er setzt sich hier mit der Grenze der Lesbarkeit von Schrift auseinander. Ein genauerer Blick erfasst dann die fünf Vitrinen, die Raum für die wechselnden Ausstellungen bieten, und den Automaten, in dem rund um die Uhr begleitende Publikationen erworben werden können. Die Passage und die Kataloge sind dabei als Wechselspiel zu betrachten: Der Durchgang ist Veranstaltungsort für typografische Experimente und Positionen, die Publikationen gewähren Einblicke in die Projektentwicklung und die Arbeiten der jeweiligen Künstler. Wir haben Erwin K. Bauer, den Konzeptentwickler und Kurator der Typopassage in der »Alpenmilchzentrale«, seinem Büro in einem alten Molkereigebäude, besucht und uns mit ihm über das Projekt unterhalten. Was als Gespräch über die Konzeption des Mikromuseums begann, endete vor einem Regal voller Weinflaschen.

FG: Wie ist die Typopassage entstanden und was ist die Konzeptionsidee dahinter?
Erwin K. Bauer: Es gibt mehrere Passagen im MuseumsQuartier, Vitus Weh, der die Passagen betreut, hat mich eines Tages gefragt, ob man nicht auch was zum Thema Schrift machen könne. Wir haben uns dazu bereit erklärt, eine der Passagen zu bespielen. Wir fanden die Idee mit der Typopassage spannend. Das war jetzt vor ungefähr zweieinhalb Jahren. Es gestaltet sich aber so, dass die Projekte dort weniger mit klassischer Schriftgestaltung zu tun haben. Es geht eher darum, neue Zugänge zur Gestaltung zu finden und Punkte herauszugreifen, in denen DesignerInnen übergreifend mit Typografie arbeiten. Ich finde, dass dieser Bereich der Präsentation und Besprechung von Schriften eigentlich gut abgedeckt ist. Es ist eher ein Interdiskurs, der mich jedoch weniger interessiert. Ich sehe mich selbst, obwohl ich auch ausgebildeter Typograf bin, als ganzheitlicher Gestalter. Mich interessieren eher die Haltungen der Menschen, und das soll sich in der Passage widerspiegeln.

RF: Sind es wechselnde KünstlerInnen, die in der Typopassage ausstellen?
EB: Genau! Jetzt zum Beispiel läuft die »Graphic Salvation«, eine eher untypische Aktion, auch für die Typopassage. Ich realisierte dieses Projekt mit Studierenden aus der Grafikdesign-Klasse an der Universität für angewandte Kunst. Wir haben uns über das Berufsbild des Designers Gedanken gemacht und uns auch gefragt, wie wir gesehen werden. Mit einem Fragebogen haben wir Leute interviewt – Kollegen, Kinder oder auch Rentner –, ob sie eine(n) GrafikdesignerIn kennen oder ob sie für Grafikdesign Geld bezahlen würden. Die Fragen waren teilweise sehr humorvoll und sehr provokant. Das Interessante ist, dass sich aus den Antworten ein recht heterogenes Bild ergeben hat, das die Menschen von

—

»Es ist immer gut, wenn jemand
etwas Substanzielles zu sagen hat.
Das ist auf jeden Fall ein wichtiges Kriterium
für die Auswahl eines Künstlers
beziehungsweise Grafikdesigners
für die Typopassage.«

—

↖ Die Schriftzüge im Gewölbe entwarf Alex Trochut. Der spanische Grafikdesigner setzt sich in der Passage mit den Grenzen der Lesbarkeit von Schrift auseinander.

↑ Das Wiener MuseumsQuartier im 7. Bezirk ist Standort mehrerer bedeutender Kunstmuseen der österreichischen Hauptstadt. In einem Durchgang zwischen Hof 1 und Hof 2 befindet sich seit 2009 die Typopassage.

← An einem Automaten können für zwei Euro die Begleitpublikationen zu den jeweiligen Ausstellungen erworben werden.

GrafikdesignerInnen haben. Wir haben dann in Kooperation mit der »Vienna Design Week« eine Installation entwickelt, in der unsere Ergebnisse vorgestellt wurden. Die Präsentationsform war offen konzipiert und die Studierende haben beschlossen, dass wir gemeinsam ein Hörspiel produzieren. Die Geschichte ist sehr unterhaltsam und humorvoll, das muss man sich einfach mal anhören.

FG: Wie konzipieren Sie denn ein neues Projekt für die Typopassage? Kommen andere Leute auf Sie zu oder sind es ihre eigenen Einfälle, die Sie dabei leiten?

EB: Meistens läuft das so ab, dass wir etwas oder jemand Interessantes sehen und dann gerne für die Passage hätten. Nehmen wir etwa Alex Trochut, der die erste Ausstellung gemacht hat: Den habe ich auf einem Design-Festival kennengelernt und fand ihn sofort spannend, weil er einen neuen Zugang zur Typografie, der sehr illustrativ ist, und ein interessantes Systemdesign hat. Er hat auf dem Festival einen sehr smarten Vortrag gehalten. Es ist immer gut, wenn jemand etwas Substanzielles zu sagen hat. Das ist auf jeden Fall ein wichtiges Kriterium für die Auswahl von KünstlerInnen für die Typopassage.

RF: Und wie finanziert sich die Typopassage?

EB: Die erste einmalige Grundausstattung übernahm das MuseumsQuartier, wir bezahlen keine Miete für den Raum. Die laufenden Ausstellungen bzw. Kataloge finanzieren wir als Büro. So kommen die verschiedenen Projekte zustande. In den anderen Passagen im MuseumsQuartier ist es so, dass es zum Mitnehmen so einfache Hefte gibt, die wesentlich billiger zu produzieren sind als die kleinen, aber aufwändigeren Kataloge, die wir in der Typopassage anbieten. Alle sind über einen Einheitspreis von zwei Euro aus den jeweiligen Automaten zu ziehen. Trotzdem haben wir uns entschieden, der gestalterischen Qualität der Arbeit mit spezieller Haptik des Papiers oder punktuellen Veredelungen oder der Verpackung mit Kleber zu entsprechen. Wir haben es geschafft, mit Arctic Paper einen Papiersponsor und mit Samson eine engagierte Druckerei zu finden, die einen Teil der Kosten übernehmen. Es gibt zu jedem Katalog ein anderes Papier, d.h. die Publikation ist nicht nur ein Druck-, sondern auch ein Papiermuster, und zusätzlich noch ein Schriftmuster. Es geht aber dabei schon hauptsächlich um Schrift. In jedem Heft wird als Brotschrift eine eigene Schrift von einem jungen österreichischen Designer vorgestellt.

FG: Ist die verwendete Schrift immer von dem Designer gestaltet, der gerade in der Typopassage ausstellt?

EB: Nein, eben nicht. Wir wollen möglichst viele Menschen mit einbinden. In Wirklichkeit ist unser richtiges Publikum nicht die Designer-Community; mein liebstes Publikum ist immer die Frau oder der Mann von der Straße, denn die wissen zu wenig über die Arbeit eines Grafikdesigners. Darum machen wir relativ viele Projekte, in denen es darum geht, diesen Berufsstand näher vorzustellen. Die Typopassage ist auch nicht unser einziges freies Projekt, das wir selbst tragen und in das wir neben unserem Tagesgeschäft Energie, Zeit und Geld investieren.

FG: Was treibt Sie bei alledem an? Ist es der Idealismus für das Grafikdesign?

EB: Ja, vielleicht. Aber man muss ja selbst ein Statement abgeben. Zum Beispiel ist die aktuellste Ausgabe der Typopassage, das Hörspiel mit meinen Studierenden, fast mein Lieblingsprojekt, weil es ein wenig irregulär ist. Der Ausgangspunkt am Anfang des Semesters ließ kaum vermuten, dass es in einem

—

»Wer echte Haltung hat,
interessiert uns. Oft ist das
die Initialzündung für eine kreative
Zusammenarbeit.
Identität in all ihren Facetten
zu entdecken,
zu verstehen und zu formulieren,
ist die Basis unserer
Kommunikationsarbeit.«

—

> »Als ehemaliger Landwirt
> habe ich ganz
> besondere Voraussetzungen
> für diese Arbeit.«

Hörspiel enden würde. Deswegen denke ich auch, dass die Zukunft der Typopassage sicherlich nicht in den kleinen Büchern liegt, sondern andere Wege nehmen wird. Ich weiß zwar noch nicht welche, aber wir denken gerade darüber nach, das Format zu erweitern. Doch das ist noch offen, natürlich sollte es mit Typografie zu tun haben. Was mich zum Beispiel wirklich interessieren würde, wäre Typografie in digitalen Medien. Dafür bräuchten wir aber Bildschirme, und das ist in der Passage leider technisch etwas kompliziert.

RF: Wie sind die Reaktionen der Menschen von der Straße? Sie hatten ja gesagt, dass Sie in ihnen die eigentliche Zielgruppe der Typopassage sehen.

EB: (lacht): Wir kriegen ständig Mails, zum Beispiel: »Ich habe einen Knopf in den Automaten geworfen und keine Publikation bekommen, können Sie mir bitte eine nachschicken?« Oder: »Leider war der Katalog Nr. 3 aus, wann kommt Nachschub? Und wann kommt die nächste Aktion?« Es gibt also schon Reaktionen, und ich glaube auch, dass viele DesignerInnen in der Typopassage vorbeikommen. Die Medienkooperation mit slanted bietet auch eine weitere Plattform.

FG: Wie lange dauert es von der ersten Konzeption eines Projekts bis hin zur Realisation?

EB: Das aktuelle Projekt mit den Studierenden dauerte ein Semester. Es begann mit der Fragestellung über das Berufsbild der Grafikdesigner. Aber wie kann man das angehen und wie kommen wir an Informationen? Daraus entstanden erst der Fragebogen und anschließend die Idee, aus dem Projekt eine Kooperation mit der Typopassage werden zu lassen. Wir haben zuerst verschiedene esoterische Übungen entwickelt, aus denen ein sehr eigenwilliges Hörbuch entstanden ist, eine Art Anleitung, wie man durch Grafikdesign zu einem besseren und erfüllteren Leben kommen kann. Die Ironie ist unüberhörbar. Es gibt verschiedene Übungen, die mit esoterischer Musik unterlegt und mit Text besprochen sind. Eine davon ist etwa, einen Buchstaben mit seinem Körper nachzustellen, zum Beispiel ein versales X. Es gab dann von uns ein paar organisatorische Überlegungen: Wie können wir das realisieren? Wie können wir das texten? Woher bekommen wir ein Studio und wer kennt SchauspielerInnen, die die Texte einsprechen? Wer von den Studierenden kennt sich mit Sound aus? Wer kann schneiden? Wie eröffnen wir die Ausstellung?

FG: Sie sprachen von ihrer Leidenschaft für das Grafikdesign und dem Berufsbild des Grafikers. Wie sind Sie denn selbst zur Typografie gekommen? Ich habe das Gefühl, dass die Typopassage sehr eng mit Ihrer Biografie zusammenhängt.

Erwin K. Bauer, 1965 in der Steiermark geboren, studierte nach seiner Ausbildung als Landwirt Grafikdesign sowie Schrift- und Buchgestaltung an der Universität für angewandte Kunst in Wien. 1993 gründete er die Kommunikationsdesignagentur »bauer – konzept & gestaltung« in Wien, die vor allem im Bereich Corporate Design, Informationsdesign und Leitsysteme arbeitet. Daneben ist er auch Dozent an der Angewandten und Gastprofessor an der Technischen Universität. In zahlreichen Publikationen, Vorträgen und Workshops setzt sich Erwin K. Bauer mit Fragen zu Grafikdesign und Gestaltung auseinander. Für seine Arbeit hat er bereits zahlreiche Auszeichnungen erhalten: mehrfach den »red dot award«, den »Joseph Binder Award«, 2009 den Preis »Schönste Bücher Österreichs« sowie weitere nationale und internationale Auszeichnungen. Er kuratierte zahlreiche Projekte wie die Typopassage, das Vienna Design Week Labor und initiierte unter anderem den Aufruf www.wasbrauchtdiewelt.net – ein Projekt zur Aktivierung der gesellschaftspolitischen und visionären Kraft von (Grafik-)Design.

↑ Blick in die Typopassage.

MEIN KAFFEEHAUS TIPP
Café Bräunerhof
in der Stalburggasse

EB: Schrift, Typografie und Gestaltung haben mich eigentlich schon immer interessiert. Aber es gab auch andere Dinge, wie zum Beispiel die Landwirtschaft, die ich sogar ordentlich gelernt habe. Ich habe Schafe und Ziegen gezüchtet. Aber irgendwie hat mich das Thema Gestaltung nie so richtig losgelassen und so habe ich an der Angewandten mein Studium der Fächer Schrift- und Buchgestaltung und Grafikdesign begonnen. Daraus hat sich dann einiges ergeben: Nach dem Studium ging ich nach Amsterdam zu »Total Identity« und bin dann später wieder nach Wien zurückgekehrt, als mich die Universität für angewandte Kunst für die Lehre gewinnen wollte. Hier in Wien ist dann auch mein kleines Büro entstanden, das langsam immer weiter gewachsen ist. Aber wer weiß, irgendwann hat mich vielleicht die Landwirtschaft wieder, damit sich der Kreis schließt. Womöglich nicht unbedingt morgen, aber vielleicht übermorgen. Im Leben ist immer alles irgendwie miteinander verknüpft und immer ein bisschen da, es kommen lediglich ständig neue Dinge hinzu. Mein Büro arbeitet zum Beispiel für viele österreichische Winzer. Wir entwickeln für sie komplette Corporate Design Programme, d. h. wir bespielen alle Medien von der Website bis zur visuellen Gestaltung im Raum. Aus diesem Grund besteht mein interdisziplinäres Team zur Hälfte aus ArchitektInnen und zur Hälfte aus GrafikdesignerInnen. Wir bauen zwar keine Gebäude, aber wir arbeiten oft im Bereich Corporate Architecture. Als ehemaliger Landwirt habe ich hier ganz besondere Voraussetzungen für diese Arbeiten. Umfassendes Denken und das Verknüpfen von Zusammenhängen braucht es bei komplexen Herausforderungen in landwirtschaftlichen Betrieben ebenfalls, egal, ob in der Milchwirtschaft, dem Pflanzenbau oder der Forstwirtschaft. Bei den Aufträgen für die Weinbaubetriebe geht es immer ganzheitlich um die Marke und die Identität. Es geht also, wie auch bei der Typopassage, um die Menschen und darum, was sie verkörpern, was sie sagen, wie sie zur Gesellschaft stehen. Das gilt generell für meine Arbeit.

RF: Vielen Dank für das Gespräch.

Alter Wein in neuem Kleid – die Agentur »bauer – konzept & gestaltung«

Unser Interview mit Erwin K. Bauer endet vor einem Regal voller Weinflaschen. An dieser Stelle wird Bauers Satz »im Leben ist immer alles irgendwie miteinander verknüpft« besonders deutlich. Hier liegen die Wurzeln der biografischen Verknüpfung zwischen dem gelernten Landwirt Erwin K. Bauer und dem heutigen Grafikdesigner. Die ganzheitliche Gestaltung des Corporate Designs von Weingütern und ihren Produkten ist zwar ein kleines, aber sehr wichtiges Geschäftsfeld von Bauers Agentur. So entwickelte sie etwa für das zweitälteste Weingut Österreichs, das 1141 gegründete Freigut Thallern bei Wien, einen neuen Auftritt. Neben dem zweifach um die Flasche gewickelten Etikett, das den Eindruck eines durchgehenden Bandes erzeugt, sind vor allem die typografischen Überlegungen spannend, die mit der Neugestaltung einhergingen. So nimmt die Beschriftung mit den Unziale-Initialbuchstaben Anleihen an der gotischen Minuskel aus der Gründungszeit des Weinguts. Die Lettern wurden dafür eigens mit der Gänsekielfeder gezeichnet, um auf diese Weise ein authentisches, den damaligen Formen angepasstes Schriftbild zu erhalten. Die gotischen Minuskeln für den Namen werden auf dem Etikett kombiniert mit der 2001 von Peter Bilak designten Fedra Sans.

Mindestabstand 1 m!

Die Ausstellung der Klasse Kartak an der Universität für angewandte Kunst

— VON ANNE DREESBACH —

↑ Die Ausstellung ist im 8. Stock.
Aber in welchem?

Der umtriebige und omnipräsente Erwin K. Bauer hatte uns im Interview darauf hingewiesen, dass während unseres WienAufenthaltes auch die Ausstellung der Klasse Kartak »Erlebnis ZKF« stattfinden würde und dass das doch sicher auch etwas für uns wäre. Das interessierte uns natürlich und so fuhren wir mit dem Taxi in die Schnirchgasse 9. Der Taxifahrer konnte sie leider nicht finden (keine Hausnummern), ließ uns aber irgendwo raus und da uns jemand gesagt hatte, dass das Ganze im 8. Stock stattfinden würde, kamen, aufgrund ihrer Höhe, nur wenige Gebäude in Frage. Im 1. Stock begrüßte uns ein wahrhaft überdimensioniertes Porträt von Sigmund Freud in der Eingangshalle und merkwürdige Hinweisschilder– war das die Ausstellung? War das schon die Kunst? Wir wussten ja nicht so recht, was uns erwartete! Im 8. Stock sah es dann aber doch sehr nach einer gewöhnlichen Schule aus, weswegen wir beschlossen, uns das nächste hohe Gebäude mit einem 8. Stock anzusehen, dann würde man schon entscheiden können, was die Kunst und was die Realität war.

    Das nächste Haus war dann das richtige und ehe wir uns versahen, waren wir schon mitten drin in der Kunst. Ein Team von Ärzten nahm uns in Empfang und verabreichte uns einige Pillen samt Beipackzettel. Schlucken oder lieber doch nicht? Es gilt wie immer beim Kunstgenuss: Wenn man sich nicht darauf einlässt, kann man es gleich bleiben lassen! Das pflegte auch stets mein Kunstlehrer im Leistungskurs Kunst 1989 / 91 zu sagen und so ließen wir uns darauf ein. Die mit Gewürzen gefüllten Pillen schmeckten lecker und man fühlte sich irgendwie gleich wunder-

**Heeresinfo-
stand im Foyer
am 26.1.2013
von 8–16 Uhr.**

↑ Die merkwürdigen Hinweisschilder in der Ausstellung ...

bar umsorgt. Dann ging's mit dem Lift in die 8. Etage (samt hübschem, livriertem Liftboy – da merkt man gleich, dass die Kunst hier auch etwas wert war) und ab dann wusste man eigentlich gar nicht mehr, was man zuerst machen sollte: Ein Weinglas falten? Beim Gestalten mit Ketchup mitmachen? Mit den Riesenstiften malen? Sich mit dem Gartenbewohner streiten, der in seiner heilen Welt allein bleiben will und jedweden menschlichen Kontakt als Störung begreift? Eine Führung zu einem Mann mitmachen, der in einem der Zimmer leblos liegt und dessen Besitztümer wie Ausstellungsobjekte in einem Museum verteilt sind? Oder der Welt der Arbeit huldigen, die vergoldet auf jeden einzelnen von uns wartet?

Jedes Zimmer war von einem Studierenden gestaltet und die Ideen waren allesamt verrückt, skurril, erstaunlich, niemals langweilig. Fast immer gab es etwas zum Mitmachen und alles hat wirklich Spaß gemacht.

Hinter der Ausstellung steckte Prof. Kartak, der die Klasse für Grafikdesign an der Universität für angewandte Kunst in Wien leitet. Kartak will seinen Studenten Mut lehren, den Mut in Selbstbestimmung zu arbeiten, sich dem Unbekannten zu stellen und fehlende Erfahrung als Chance zu begreifen. Die Förderung von Mut sieht er als das Zentrum seiner Arbeit an. Die Klasse Grafikdesign bewegt sich an den Rändern ihrer Diziplin, und ja, wie Grafik und Design oder Grafikdesign nahm sich die Ausstellung wirklich nicht aus, eher einfach wie Kunst. Trotzdem gab es deutliche Spuren von Grafik und von Typografie, und diesen sind wir selbstverständlich für dieses Heft nachgegangen.

Zunächst fällt die Gestaltung der Schilder in der Ausstellung ins Auge: serifenlose, schlichte Schrift mit rotem Rand. Achtung!

↑ Mitmachen gefragt:
der Ketchup-Raum.

scheinen die Schilder dem Betrachter zuzurufen und tatsächlich gibt es zahllose Warnungen und Aufrufe. »Mitgebrachte Tischtennisschläger bitte an der Garderobe bei Hrn. Szokol abgeben.« »Heeresinfostand im Foyer am 26.1.2013 von 8 – 16 Uhr.« oder »Eurofighterflugshow ab 22 Uhr im Foyer.« Und: »Bitte nur die roten Rettungsringe benutzen.« Im selben Stil sind auch die Beschreibungen der Kunsträume gehalten. Warnungen vor der Kunst? Und dann gibt es unterschiedliche Werke, in denen Schrift verwendet wird, so etwa in der Arbeit von Laura Karasinski, Lara Stättner und Lukas Novak, »Lukas Novak und 13 kuratische Objekte«. Hier steht die Frage »Ist es möglich, ein ungefiltertes Ich erfahrbar zu machen?« im Mittelpunkt. Mit dem Eintritt in den Ausstellungsraum beginnt die Suche nach diesem ungefilterten Ich. Im Raum sind wie in einem Museum 13 Objekte ausgestellt, persönliche Gegenstände einer Person, die eine Geschichte tragen. Die Besucherinnen und Besucher werden geführt, die Geschichten behutsam erzählt. Eines der Objekte ist die Person selbst, die sich in ihrer reinsten und fragilsten Form zeigt: Sie schläft. Zu den Objekten zählen handgeschriebene und digital gesetzte Liebesbriefe, die der »Ausgestellte« selbst erhalten hat. Hier kann das sensible Auge natürlich sowohl Makro- als auch Detailtypografie beobachten.

Auch in dem von Theresa Hattinger gestalteten Raum mit dem Titel »Exist« spielt die Typografie eine zentrale Rolle. Aus leuchtenden Papiersternen quillen Papierschlangen hervor, auf denen Texte stehen. Die Papierschlangen können die Besucher mitnehmen, als Schmuck verwenden und lesen. Der Zugang Hattingers zur Typografie ist in erster Linie ein sehr praktischer. Typografie ist hier schlicht und einfach das Trägermedium. Sie

↑ Im Lande Brobdingnag.

wird so schlicht präsentiert, dass die Inhalte selbst in den Vordergrund treten. »In geschützten Hüllen finden sich Textfragmente meiner Persönlichkeit. Einmal geöffnet gehen diese Teile von mir in den Besitz anderer über. Der inszenierte Körper verschwindet, er verschenkt sich als Fragmente meines Selbst.« – so der Begleittext zu diesem Raum. Essentiell ist auch der Charakter der Endlosschleife, weswegen auf jegliche Textauszeichnungen und weitere typografische Gestaltungsmittel verzichtet wird.

Im Raum mit dem Titel »Süßer Senf« von Philipp Leberle wird ein riesengroßes Malbuch samt Buntstiften gezeigt. Wie Gulliver auf seiner Reise ins Land Brobdingnag fühlt sich der Besucher hier und bekommt sofort Lust, mit den riesigen Stiften Malversuche zu unternehmen, aber auch die Wände mit Sprüchen zu verzieren. »Wenn ich groß bin, will ich Kind sein. Ein Malbuch für Erwachsene.« Aber es bleibt eben nie beim Malen, für die Erwachsenen ist es immer auch das Schreiben.

Und auch in der »Vorhölle« vom Künstlerkollektiv Göschl Roth Yankova, unserem Lieblingsraum, in dem man sich bei Musik und Stroboskop-Beleuchtung durch Plastikanzüge geschützt mit Ketchup austoben darf, kann der Kunstliebende schreiben; allerding machen meistens diejenigen, die mit einem im Raum sind (Chaoten! Anarchisten!) diesen Versuch wieder zunichte, indem sie es einfach verwischen... Aber auch die Vergänglichkeit ist eben Thema der Kunst.

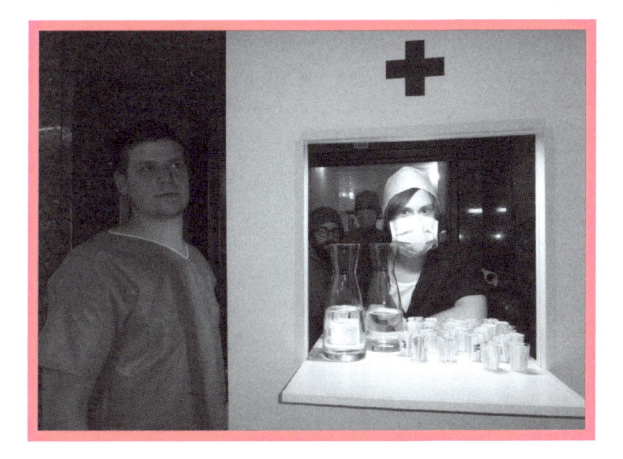

↑↑↑ Persönlichkeit in der
     Sternenlampe.
↑↑   Liebesbriefe als Teil der
     Persönlichkeit.
↑   Die betreuenden Ärzte und
     Krankenschwestern.
↗   Ende.

Schrift am Bau und iwahaubbd

Die Gestalterin Gabriele Lenz im Gespräch

— VON NADINE BECK —

Zusammen mit der Innenarchitektin Elena Henrich wurde sie 2012 mit der Goldmedaille der Stiftung Buchkunst für die außergewöhnliche Buchgestaltung des Projektes »Raum, verschraubt mit der Zeit – Space, Twisted with Time« ausgezeichnet. Außerdem erhielt sie den »red dot award« für das Kultur-Touristische Leitsystem der Stadt St. Pölten. Ihre Umschlaggestaltung für das Buch »iwahaubbd. Dialektgedichte« von Friedrich Achleitner aus dem Wiener Paul Zsolnay Verlag reiht sich ein in »Die schönsten deutschen Bücher 2012«. Wir sprachen mit Gabriele Lenz, Gestalterin und Grafikerin, über Verpackungsreihen für Kopfhörer und ein motorisiertes Zweirad.

Nadine Beck: Frau Lenz, wie gehen Sie an die Entwicklung eines neuen Projektes heran und wie generieren Sie Ideen für die Gestaltung?
Gabriele Lenz: Es gibt fast unendlich viele Inspirationsquellen. Das kann eigentlich alles sein, was ich sehe: konstruktive oder konzeptionelle Ansätze aus der bildenden Kunst, architektonische Raumkonzepte genauso wie Fassadenraster oder die Dramaturgie der Bildabfolge in einem Film. Am Anfang eines Entwurfsprozesses steht aber immer eine umfassende Auseinandersetzung mit den Inhalten. Wir versuchen so viel wie möglich über ein Thema zu erfahren und dann das geeignete Transportmittel für diesen Inhalt zu finden.
NB: Spielt die Handschrift für Sie eine große Rolle oder arbeiten Sie von Anfang an am Computer?
GL: Den Entwurfsprozess beginnen Elena Henrich und ich immer mit einem Gespräch und einem Stift in der Hand.

NB: Erinnern Sie sich an Ihr allererstes Projekt?
GL: Ja, das war eine sehr schöne Gestaltungsaufgabe: eine Verpackungsreihe für Kopfhörer. Das damit verbundene erste Honorar habe ich in ein motorisiertes Zweirad investiert.
NB: Haben Sie Lieblingsprojekte, etwa Projekte, in denen Sie in der Gestaltung sehr frei waren?
GL: Das Besondere an den Aufgaben sind aus meiner Sicht nicht die Freiheiten, sondern die Begrenzungen und die damit verbundenen Herausforderungen. Gute Gestaltung entsteht in der Auseinandersetzung mit den Inhalten und mit allen beteiligten Personen. Ich habe die Erfahrung gemacht, dass jeder Beteiligte wichtige Aspekte und Themen einbringt. Lieblingsprojekte sind für uns hier fast immer die, an denen wir aktuell arbeiten. Wahrscheinlich hat das damit zu tun, dass wir stark inhaltlich vorgehen und die gestalterischen Möglichkeiten als Teil des Ganzen sehen. Deshalb bin ich immer neugierig darauf, welche Aufgabe als Nächstes auf uns zukommt.

> »Eine Lieblingsschrift ist für mich wohl proportioniert, gut lesbar, detailgenau.«

NB: Welche Schrift sollte jeder Grafiker auf seinem Computer haben und warum?
GL: Die bestechend neutrale – und eben universell einsetzbare – Univers. Sie ist sachlich, gut lesbar und die Schnitte sind systematisch gegliedert. Der Kontrast ist so austariert, dass sich die Schrift auch für lange Texte eignet.

↑ Die Gestalterin Gabriele Lenz.
Porträt von Elke Mayr.

NB: Welche ist Ihre Lieblingsschrift?
GL: Eine Lieblingsschrift ist für mich wohl proportioniert, gut lesbar, detailgenau, sie strukturiert die Texthierarchien bestens und vermittelt den Inhalt angemessen. Deshalb gibt es zu jeder Gestaltungsaufgabe eine andere Schrift, nämlich die, die am besten geeignet ist.

NB: Was war ihr größter Erfolg als Gestalterin?
GL: Über die Goldmedaille im internationalen Wettbewerb der schönsten Bücher aus aller Welt (»Best designed books from all over the world«) haben wir uns sehr gefreut. Meine Büropartnerin Elena Henrich und ich sind in diesem Zusammenhang für die Gestaltung des Buchs »Raum, verschraubt mit der Zeit – Space, Twisted with Time« ausgezeichnet worden.

NB: Wie betreiben Sie Akquise?
GL: Wir hoffen, dass unsere Arbeiten die beste Akquise für neue Aufträge sind.

NB: Wie überzeugen Sie Auftraggeber von Ihren Vorstellungen?
GL: Auftraggeber sind für mich Partner bei der Arbeit an einer gemeinsamen Sache. Da gibt es viel zu bedenken und zu berücksichtigen – aber in erster Linie ein gemeinsames Interesse: ein funktionales, optimales und verhältnismäßiges Ergebnis.

NB: Kam es in der Vergangenheit vor, dass Sie Projekte aufgrund von zu unterschiedlichen Vorstellungen aller Beteiligten absagen mussten?
GL: Ein Gestalter-Team kann nicht für jede Aufgabe und jeden Auftraggeber richtig sein. Das gilt es bei einem Gespräch herauszufinden, und es gilt – auch wieder im Sinn der Sache – gemeinsam die beste Lösung zu finden. Das kann durchaus auch eine Konstellation sein, in der wir nicht vorkommen.

»Oft sind die preisgekrönten Objekte hier im Büro Bücher. Und besonders das Büchermachen ist ja mit viel Engagement aller Beteiligten verbunden.«

NB: Sie sind mehrfach ausgezeichnet worden: Über welchen Preis haben Sie sich am meisten gefreut?
GL: Am meisten freut es mich, wenn der (gut gestaltete) Inhalt durch die Auszeichnung mit einem Preis zusätzliche Aufmerksamkeit bekommt und das besondere Engagement der Auftraggeber damit auch zusätzliche Anerkennung findet. Zwei Beispiele sind mir besonders in Erinnerung geblieben: Eines davon war ein Auftrag der Stadt St. Pölten für das Kultur-Touristische Leitsystem der Stadt. Sechs Designbüros waren zu einem bestens vorbereiteten Wettbewerb eingeladen, gemeinsam mit einem frei wählbaren Architekturbüro einen Entwurf dazu einzureichen. So eine Vorgehensweise ist im Bereich Design eher selten. Den Wettbewerb haben wir gemeinsam mit der Architektin Anja Mönkemöller gewonnen. Auch bei der Umsetzung war das Engagement aller Beteiligten außergewöhnlich und mutig. Die Auszeichnung mit dem »red dot award« war für alle Beteiligten eine schöne Bestätigung dessen. In einem Artikel in der österreichischen Tageszeitung DiePresse hat Judith Eiblmayr das ausführlich beschrieben: »Das Besondere an der Gestaltung von Lenz und Mönkemöller ist, dass die Stelen

nicht selbstreferenzielle City-Lights oder wie üblich passive Trägerplattformen für Texte sind, sondern zu einem Stück ›sprechender Architektur‹ werden und die Informationskonsumenten zur Aktivität auffordern: Die kleinen wie die großen Tafeln haben – unmittelbar neben der Schrift – rechteckige Ausschnitte, wodurch der touristische Blick gerahmt und somit auf das Wesentliche gelenkt wird.« Ein anderes Beispiel ist das Buch »Raum, verschraubt mit der Zeit – Space, Twisted with Time«, das vom Haus der Architektur in Graz anlässlich des Architekturpreises des Landes Steiermark herausgegeben wurde. Oft sind die preisgekrönten Objekte hier im Büro Bücher. Und besonders das Büchermachen ist ja mit viel Engagement aller Beteiligten verbunden. Der aufwändige Produktionsprozess vom Konzipieren, Schreiben, Gestalten, Drucken, Binden, Verlegen und Vertreiben macht viel Arbeit. Mit der Goldmedaille im Wettbewerb der schönsten Bücher aus aller Welt wurde dem erwähnten Buch und zugleich dem Architekturgeschehen in der Steiermark zusätzlich internationale Aufmerksamkeit zuteil.

NB: Was sollte in einem Typotopografie-Magazin Wien stehen?

GL: Einiges über die Arbeiten der Wiener Gruppe, eine lose Vereinigung österreichischer Schriftsteller, die sich etwa 1954 unter dem Einfluss H. C. Artmanns in Wien formierte. Neben Artmann selbst zählten Friedrich Achleitner, Konrad Bayer, Gerhard Rühm und Oswald Wiener zu ihren Mitgliedern, aber auch Elfriede Gerstl, Ernst Jandl und Friederike Mayröcker hatten engen Kontakt zu der Gruppe. Ihre Arbeiten wurzeln literarisch in der Barockdichtung, genauso wie im Expressionismus, Dadaismus und Surrealismus. Wichtige Impulse kamen auch von Vertretern der Sprachskepsis, Sprachkritik und Sprachphilosophie. Das Sprachbewusstsein der Wiener Gruppe zeigt sich auch an ihrer Auffassung der Sprache als optisches und akustisches Material. Auf Basis dieser Idee beschäftigten sich ihre Mitglieder unter anderem intensiv mit der Entwicklung von Lautpoesie und visueller Lyrik. Der Sprachreichtum des Dialekts ist ein wichtiger Ansatzpunkt, aber auch die mehr oder weniger konsequent verwendete Kleinschreibung kann in diesem Kontext betrachtet werden, etwa der »quadratroman« und die Dialektgedichte von Friedrich Achleitner. Für sein Buch »iwahaubbd. Dialektgedichte«, das 2011 im Zsolnay Verlag erschienen ist, haben wir den Schutzumschlag und die Ausstattung gestaltet. Das Buch wurde dann eines der »Schönsten deutschen Bücher 2012« im Bereich allgemeine Literatur.

> »In der Stadt des Kaffeehauses gibt es eine wieder auflebende alte Tradition und jeder hat sein Stammkaffeehaus.«

NB: Ihr Lieblingscafé in Wien?

GL: In der Stadt des Kaffeehauses gibt es eine wieder auflebende alte Tradition und jeder hat sein Stammkaffeehaus. Wir aber hatten das Glück, auch gleich die Gestaltung für eine ganz besondere Kaffeerösterei und Bar, die »kaffeefabrik«, übernehmen zu können. Die

↑ Visuelles Erscheinungsbild kaffeefabrik, Rösterei und Bar in Wien, 2011: eine Untertasse, das Package-Design, das Corporate Design und das Logo auf dem Ladenlokal.

kleine Bar ist in der Favoritenstraße, nahe am Freihausviertel und am Naschmarkt. Hier kann man den besten Kaffee trinken, und die selbstgerösteten Kaffeebohnen werden zum Verkauf angeboten. Manchmal ist der Kaffeemeister Tobias Radinger mitsamt Espressomaschine außer Haus und brüht Kaffee auf Märkten, Festivals, Partys oder ähnlichen Veranstaltungen – dann am liebsten mit der kleinen Faema e61, Baujahr 1964. Wenn wir hier im Büro zum Kaffeesalon mit Buchbetrachtung einladen, dann tun wir das in bewährter Kooperation mit ihm. Ab und an werden in Sachen Kaffee auch Wetten abgeschlossen, die dabei manches Mal auf übermäßigen Alkoholkonsum zurückzuführen sind. Die Kaffeewette hatte dabei ursprünglich einen ganz nüchternen Hintergrund: Tobias Radinger wollte einmal wissen, ob sein Lastenfahrrad wirklich so schnell ist, wie er das gerne glaubt. Deshalb hatte er im Oktober 2012 seinen besten Fahrer gegen einen Kollegen in einem smarten PKW ins Rennen geschickt. Die Aufgabe: zehn Empfänger im Liefergebiet – den Bezirken 1 bis 9 in Wien – in möglichst kurzer Zeit mit Kaffee zu beliefern. Ausgangs- und Endpunkt war die »kaffeefabrik«. Das Ergebnis: Das Lastenrad hat die zehn Stationen fehlerfrei in einer Stunde und 45 Minuten absolviert. Der Kollege im PKW war etwa sieben Minuten länger unterwegs und hat noch zwei Packungen vertauscht – und das trotz sehr ruhiger Verkehrslage und staufreier Fahrt. Auch wenn der PKW gewonnen hätte: Dem Lastenrad wären sie so oder so treu geblieben.

Vielen Dank, Frau Lenz, für das Gespräch!

MEIN KAFFEEHAUS TIPP

kaffeefabrik
in der Favoritenstraße

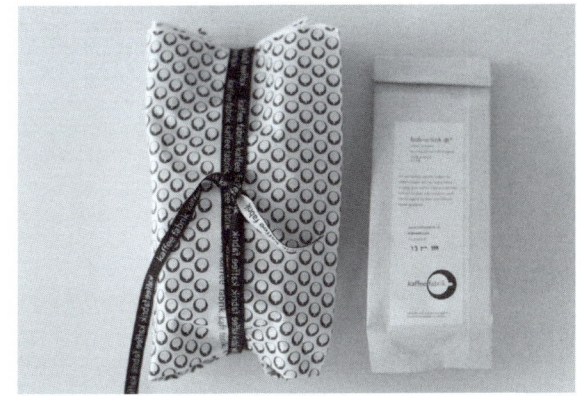

lenz+
büro für visuelle gestaltung
Gabriele Lenz und Elena Henrich

Turmburggasse 11
A – 1060 Wien

Telefon 0043-1-5971073
www.gabrielelenz.at

↖ Schriftdesigner und Art Director Roland Hörmann beim Abmontieren von nicht mehr benötigten Leuchtbuchstaben.

↑ Geplante Ausstellung von 15 originalen Schriftzügen, die im Laufe der Zeit, weil in die Jahre gekommen oder nicht mehr benötigt, abmontiert wurden.

← Abmontierte Schriftzüge warten auf ihren Umzug in ihr neues Zuhause.

↓ Kein Schriftzug ist vor ihnen sicher: Die Vereinsgründer Roland Hörmann und Birgit Ecker (Kulturmanagerin).

Der Verein »Stadtschrift«

— VON FLORIAN GRESSHAKE —

Der Verein »Stadtschrift« bildet seit dem Jahr 2012 für eine Handvoll von Menschen den formellen Rahmen, sich für die Bewahrung ideell wertvoller Buchstaben und Zeichen der Stadt Wien einzusetzen. Die Fassadentypografie unterliegt einem ständigen Wandel, bei fast jeder Geschäftsauflösung wird ein Schriftzug obsolet. Das Ziel der Vereinsarbeit ist es, das spurlose Verschwinden der historischen Fassadenbeschriftungen zu verhindern. Es soll ein Bewusstsein für die Bedeutung der handwerklichen Kunst und typografischen Vielfalt sowie für die identitätsstiftende Relevanz geschaffen werden.

Die Begeisterung dafür geht bei Gründer Roland Hörmann bis ins Jahr 2007 zurück, als er begann, einzigartige Geschäftsportale und -beschriftungen fotografisch zu dokumentieren. Der Anstoß zur Sammlung der raumgreifenden Objekte ergab sich 2009 durch einen Zufall. Nahe des Brunnenmarkts war bei einem Umbau gerade der »Fußpflege«-Schriftzug eines Ladengeschäftes ausgetauscht worden und es war klar, dass dieser vor dem Bauschuttcontainer gerettet werden musste. Von da an stieg bei Hörmanns Stadtstreifzügen die Aufmerksamkeit für Geschäftsauflösungen und das Interesse für den Inhalt von Schuttmulden.

Im Frühjahr 2012 gründeten Roland Hörmann und Birgit Ecker den Verein, mit dem sie nun aktiv an Hausverwaltungen und Eigentümer herantreten, um der Brechstange der wenig zimperlichen Baufirmen zuvorzukommen. Viele Augen sehen mehr als vier – nach diesem Prinzip wurde ein Netzwerk von Leuten aufgebaut, die auf Veränderungen in der Geschäftslandschaft und auf Bautätigkeiten an Leerständen sensibilisiert sind. Mit Erfolg, denn mittlerweile ist die Sammlung groß genug, um der Öffentlichkeit ihre verloren geglaubten »Grätzel-Wahrzeichen« zurückgeben zu können.

Ein erstes Ausstellungsprojekt des Vereins ist in Arbeit, bei dem 15 ausgewählte Objekte aus der Sammlung gemeinsam an einer Feuermauer platziert werden. »Elektro«, ein Neonschriftzug von 1962, soll restauriert werden und während der Dunkelheit wieder leuchten.

Langfristiges Ziel ist es, die gesamte Sammlung in einer permanenten Ausstellung zu zeigen.

Stadtschrift – Verein zur Sammlung, Bewahrung und Dokumentation historischer Fassadenbeschriftungen

Neubaugasse 55/1/5a
A – 1070 Wien

mail@stadtschrift.at
www.facebook.com/stadtschrift

1000 Schriftbilder in einer Woche – die Aktion »Schrift in der Stadt«

— VON PETER STUIBER —

Das Wien Museum rief im Februar 2013 seine Facebook-Freunde dazu auf, Fotos von Schrift in der Stadt Wien zu machen. Die Aktion bewies, wie sehr das Thema Typografie die Menschen bewegt – nicht nur aus nostalgischen Gründen.

Ein Stadtmuseum wie das Wien Museum kommt am Thema Typografie natürlich nicht vorbei. Aus diesem Grund finden sich unterschiedliche Beispiele in der ebenso umfangreichen wie breitgefächerten Museumssammlung. Die dokumentarische Stadtfotografie von August Stauda etwa eröffnet uns einen Blick auf alltägliche Schrift im Wiener Stadtbild um 1900, alte Geschäftsschilder erzählen nicht nur von Konsumgewohnheiten vergangener Tage, sondern auch vom Bemühen um visuelle Aufmerksamkeit in der Großstadt mithilfe von Bildern und Schrift. Die hochkarätige Kunstsammlung des Museums hat weitere typografische Schätze auf Lager, zum Beispiel die Plakate der »Wiener Secession«, in denen gerade auch Schrift den Eintritt ins Zeitalter der Moderne verkündet. Österreichische Künstler haben sich immer wieder explizit mit dem Thema Schrift in der Stadt auseinandergesetzt, so der Schriftsteller Bodo Hell, von dem das Museum Arbeiten aus der Fotoserie »Stadtschrift« (70er/80er Jahre) besitzt, oder der Maler Franz Zadrazil, dessen fotorealistische Malerei unter anderem den Verfall von Geschäftsportalen wiedergibt. 2009 beschäftigte sich das Museum in einer Präsentation im Rahmen der »Vienna Design Week« mit folgendem Thema: Der Linzer Grafiker Martin Ulrich Kehrer, dessen Fotobuch »Stadtalphabet Wien« damals im Sonderzahl Verlag erschien, wurde eingeladen, eine Auswahl seiner Bilder von Wiener Geschäftsbeschriftungen zu zeigen, ergänzt um Betonabgüsse einzelner Buchstaben aus ebendiesen Schriftbildern. Und nicht zuletzt sei noch erwähnt, dass sich am Museum selbst seit mehr als einem Jahr eine ungewöhnliche Beschriftung über dem Eingangsportal befindet: Dort steht – zur Verwirrung mancher Touristen – nämlich nicht nur »Historisches Museum der Stadt Wien«, der alte Name des Hauses, sondern in riesigen 50er Jahre-Lettern »Südbahnhof«. Im Zuge des Abrisses des alten Bahnhofgebäudes kam das stadtbekannte Schriftbild vor zwei Jahren in die Museumssammlung, wo es nicht in den Tiefen des Depots verschwand, sondern von außen sichtbar an der Museumsfassade Historisches vermittelt: »Südbahnhof« ist nicht nur eine gestalterische Reminiszenz an ein verschwundenes Nachkriegsgebäude, sondern auch ein gewichtiger Zeuge eines Ortes, der für Generationen hoch emotional besetzt war – nicht zuletzt für viele Migranten, die als »Gastarbeiter« mit dem Südbahnhof persönliche Schicksale und Lebenswege verbanden.

Und nun also eine Facebook-Aktion mit dem Titel »Schrift in der Stadt«. Warum? Das Thema ist nicht nur aktuell, es ist auch eines, das eine ganze Community begeistern kann. Nostalgiker, die in den alten Geschäftsschildern den angeblichen Glanz von »Alt-Wien« spüren, fühlen sich ebenso angesprochen wie Liebhaber von Schriften. Jene, die sich mit Werbung und der Kommerzialisierung im öffentlichen Raum auseinandersetzen, liefern ebenso Beispiele wie Stadtbeobachter, die den Blick nicht nach oben auf das Monumentale gerichtet haben, sondern auf den Boden, wo z. B. Kanaldeckel ihre ganz eigenen Geschichten erzählen. Nachteulen haben um 4 Uhr morgens stadtbekannte Leuchtschriften gepostet, die ihnen auf dem Heimweg begegnet sind. Am Tag ist es nicht selten die wilde Mixtur aus unterschiedlichen Schriften – Werbung, Verbotstafeln, Skurrilem –, die nicht nur von Urbanität, sondern auch von alltäglicher Tristesse kündet. Was sich auch gezeigt hat: Viele Hobbyfotografen hatten bereits vielfach Typografie fotografiert und nutzten nun die Gelegenheit, ein größeres Publikum zu erreichen.

Das Wien Museum hat erst spät mit seinem Facebook-Auftritt begonnen (Anfang 2012), zählte aber schon ein Jahr später knapp 4 000 Freunde. Das ist im Vergleich mit anderen großen Museen zwar nicht viel, doch in Rankings, die auch die Aktivität von Usern berücksichtigen, ist das Haus österreichweit immer vorne mit dabei. Denn auf der Facebook-Seite des Wien Museums geht es nicht nur darum, Museumsbeiträge zu »liken« oder mit »cool« oder »freu mich schon drauf!« zu kommentieren. Die Freundinnen und Freunde posten aktiv ihre Beobachtungen in der Stadt und liefern so dem Museum wertvolles Material, das auch konkrete Auswirkungen auf die Museumsarbeit haben kann, eine Rückkoppelung, die im Kulturbereich zwar oft beschworen, aber tatsächlich selten gelebt wird. Das beste Beispiel dafür ist die Aktion »Worst of Klimt«, die das Museum im Gustav-Klimt-Jubiläumsjahr 2012 ins Leben gerufen hat. Wie viele andere Museen hatte auch das Wien Museum eine Klimt-Ausstellung im Programm, mit gutem Grund, schließlich besitzt es mit über 400 Zeichnungen die größte Klimt-

Sammlung der Welt. Doch beim bloßen Zeigen der Schätze sollte es nicht bleiben, in der Ausstellung wurden auch bestimmte Aspekte des Künstlers kritisch hinterfragt, so etwa sein problematisches und ganz und gar nicht »modernes« Frauenbild. Beim Thema »Vermarktung von Klimt« kam dann Facebook ins Spiel: Das Museum rief dazu auf, die schrecklichsten oder absurdesten Klimt-Merchandising-Artikel zu posten, rund 150 Beispiele wurde in aller Welt gesammelt und schließlich in der Ausstellung auf einem Videoschirm gezeigt, vom Klodeckel bis zu den Klimt-Flip-Flops.

So erfolgreich die Aktion auch war und auch in den internationalen Medien wahrgenommen wurde, im Vergleich zur »Schrift in der Stadt« war sie zahlenmäßig bescheiden. »Schrift in der Stadt« brachte rekordverdächtige 1 000 Postings innerhalb einer Woche. Der Vorteil eines solchen Sammelaufrufs liegt auf der Hand: Ein systematisches Durchkämmen durch eine Einzelperson (etwa einen Kurator oder einen Künstler) ist nicht nur zeitintensiver, sondern spiegelt eben nur einen Blick wieder. Das Gesamtbild der Facebook-Community ist da schon viel offener, wenn auch sicher nicht wissenschaftlich-akribisch. Die Lust am Schriftbild ist offensichtlich, doch dabei allein sollte es nicht bleiben. Daher wurden ExpertInnen eingeladen, zu einzelnen Schriften Kommentare zu schreiben, unter ihnen der Dichter Bodo Hell, der Grafiker und Schriftgestalter Erwin K. Bauer und die Mitglieder der Redaktion von Typotopografie. Ein Ping-Pong-Spiel also zwischen Stadtbewohnern und professionellen Stadt- und Schriftbeobachtern. Möglicherweise nicht nur für Typografie-Interessierte von Belang, sondern ein Modell dafür, welche Auswirkungen Partizipation und Neue Medien für ein Museum haben können. ——

Wien Museum
Karlsplatz
A – 1040 Wien
Telefon 0043-1-505 87 47
office@wienmuseum.at
www.wienmuseum.at

Fedrigoni Deutschland hat uns das wunderschöne **Papier** Arcoprint 1 E.W. 120g/m² und 250g/m² für dieses Heft zur Verfügung gestellt.

Danke sehr!

K.u.K. Souvenir
Wäsche

STOSSEN

Cafe
Westend
Espresso

HALDER

SOUTHAMPTON
PALM BEACH
NEW YORK
BRUN & Co
LIEFERANTE
WIEN BERLIN

KAISE

Typotopografie 5 Wien

Impressum

TYPOTOPOGRAFIE 5: WIEN
Erscheinungsmonat: Oktober 2013
Auflage: 1 000 Stück
ISBN: 978-3-944334-04-2

AUGUST DREESBACH VERLAG
Viktoriastraße 5, 80803 München
www.augustdreesbachverlag.de
info@augustdreesbachverlag.de

GESTALTUNG, SATZ UND TYPOGRAFIE
Dreekreuz. Typografie + Gestaltung
Anne Dreesbach und Manuel Kreuzer
Adalbertstraße 14, 80803 München
team@dreekreuz.de
www.dreekreuz.de

TYPOGRAFIE
Gesetzt aus der Soleil,
entworfen von Wolfgang Homola,
und der Meret,
entworfen von Nils Thomsen.

PAPIER
Gedruckt auf Arcoprint 1 E. W. 120 g/qm,
Umschlag 250 g/qm
(Fedrigoni Deutschland GmbH).

GESAMTHERSTELLUNG
Mediengruppe UNIVERSAL, München

Gedruckt auf FSC® zertifiziertem Papier.
FSC-Zertifikat SGSCH-COC 004379

AUTOREN
Nadine Beck
(Kulturwissenschaftlerin/Kunsthistorikerin)
Neumann & Kamp Historische Projekte, Berlin
Anton Zwischenberger
(Historiker)
Neumann & Kamp Historische Projekte, Wien
Dr. Anne Dreesbach
(Historikerin und Grafikerin)
Ramona Feilke
(Kulturhistorikerin)
Dr. Florian Greßhake
(Historiker)
Judith Ludwig
(Germanistin)
alle August Dreesbach Verlag, München
Katharina Dehner
(Kulturhistorikerin)
Peter Stuiber
(Wien Museum)
alle Wien

LEKTORAT
Veronika Boyen, Ramona Feilke,
Dr. Florian Greßhake, Anika Kollarz,
Isabel Leitz, Judith Ludwig,
Nathalie Schlirf, Verena Simon

DANK
Herzlichen Dank an Bettina Brand,
Oliver Linke (tgm) und Magdalena Wolf für
die wertvollen Kontakte sowie
Theresa Hattinger und Laura Stättner
für ihre Auskünfte zur Ausstellung der
Klasse Kartak.

BILDNACHWEIS
MAK: 12, Karl Michalski/MAK,
13, Georg Mayer/MAK, 14 Tibor
Rauch/MAK, 15, Georg Mayer/MAK;
Fedrigoni: alle Manuel Kreuzer;
Comictreff: alle August Dreesbach Verlag;
Maria Christina: alle August
Dreesbach Verlag;
Brandstätter: alle Manuel Kreuzer;
Paul Busk: alle Manuel Kreuzer;
Salon für Kunstbuch: alle Manuel Kreuzer;
Um:Druck: 50, 51, Manuel Kreuzer,
53, Um:Druck, 54, Daniel Karner;
Typoton: 57, Nicole Fally;
Typopassage: 58, 59, Manuel Kreuzer, 61,
Erwin Bauer/ekb, 62 o., Manuel Kreuzer,
62 u., Erwin Bauer/ekb;
Klasse Kartak: alle August
Dreesbach Verlag;
Gabriele Lenz: 69, Elke Mayr,
70, 71, Gabriele Lenz;
Verein Stadtschrift: alle Birgit
Ecker/Roland Hörmann;
Schrift in der Stadt: Beate Lang (Nadel
u. Zwirn, Bonbons. Limonaden –
Wein – Bier – Spirituosen), Daniela
Pusskacs (Krah Krah), Eleonora Rip
(Wiener Küche, Worski, Wien VIII,
Pelze, Grafittis), Claudia Hopfinger-Uhl
(Milch, Füllfederzentrale, Portier),
Barbara Zanotti (Milch Lebensmittel,
Bonbons), Wien Museum (Südbahnhof),
Monika Mori (Schimt Kliele),
Sylvia Barth (Fotografie, Wien Museum),
Edda Fischer (Auto);
Bilderserie Wien, 42–43, 78–79:
alle Manuel Kreuzer und August
Dreesbach Verlag

SCHUTZRECHTE
Die Bild- und Textrechte liegen beim
August Dreesbach Verlag bzw. bei den
Menschen und Institutionen, die in den
jeweiligen Artikel besprochen werden.
Jede Nutzung oder Verwertung bedarf der
vorherigen schriftlichen Genehmigung
durch den August Dreesbach Verlag.

UNSER HERZLICHER DANK GEHT AN UNSERE INTERVIEWPARTNER:
Erwin K. Bauer
(Typopassage Wien),
Paul Busk
(Typograf und Urban Art-Künstler),
Bernhard Cella
(Salon für Kunstbuch),
Anna Fahrmaier und Thomas Gabriel
(typejockeys),
Nicole Fally (typoton),
Karen Gröbner, Erich Monitzer und
Martin Tiefenthaler
(tga/die Graphische),
Nikolaus Brandstätter, Friederike Harr,
Alexander Rendi und Christine Link
(Christian Brandstätter Verlag),
Wolfgang Homola
(Schrift- und Grafikdesigner),
Roland Hörmann
(phospho type foundry),
Prof. Oliver Kartak und
Mitra Kazerani
(Klasse Kartak – Universität für
angewandte Kunst),
Gabriele Lenz
(Büro für visuelle Gestaltung),
Prof. Dr. Philipp Maurer und
Leonore Maurer
(Um:Druck),
Walter Pamminger
(Buchgestalter),
Kathrin Pokorny-Nagel
(MAK – Österreichisches Museum für
angewandte Kunst/Gegenwartskunst),
Manfred Stützer, Wolfgang Leherbauer
und Christian Schreiner
(Comictreff Buchhandels GmbH),
Marcus Sterz
(FaceType Foundry),
Nicole Urban
(Fedrigoni Austria GmbH –
Showroom Wien),
Stefan Willerstorfer
(Willerstorfer Font Foundry).

ABONNEMENT
Sie können die Typotopografie-Hefte, die
in unregelmäßigen Abständen erscheinen,
auch abonnieren. Bislang sind »München«, »Düsseldorf«, »Berlin«, »Leipzig«
und »Frankfurt am Main« erschienen.
Demnächst folgen »Shanghai« und
»Ruhrgebiet«. Eine formlose E-Mail an
den Verlag genügt, dann senden wir Ihnen
die Hefte versandkostenfrei mit Rechnung
zu: info@augustdreesbachverlag.de